بسم الله الرحمن الرحيم

İstanbul-1440/2018

Nureddin YILDIZ

1960 yılında Trabzon'un Of ilçesinde doğdu. Hafızlığını ve ilk dinî eğitimini babası Hilmi Yıldız Hocaefendi'nin yanında tamamladı. İstanbul-Gaziosmanpaşa İmam Hatip Lisesi'ne devam ederken değişik gazetelerde haftalık yazılar ve tercümeler kaleme almaya başladı. Aynı zamanda kürsü hatipliğine devam etti. Öğrencilik yıllarında Milli Türk Talebe Birliği ve Akıncılar Teşkilatı'nda aktif görevler üstlendi.

İmam hatip lisesinin ardından Marmara Üniversitesi İlahiyat Fakültesi'nde bir dönem eğitim gördükten sonra Mekke Ümmü'l-Kura Üniversitesi'ne geçiş yaptı. Burada Usul-u Fıkıh bölümünü bitirdi. Mekke'de bulunduğu süre içerisinde hadis hocalarından özel dersler ve icazetler aldı. Suriyeli muhaddis Abdulfettah Ebu Gudde, Hindistanlı âlim Ebu'l Hasen En-Nedvi ve Osmanlı ulemasının son devir temsilcilerinden Mehmet Emin Saraç Hocaefendi, icazet aldığı hocalarından bazılarıdır.

İstanbul'a döndükten sonra sürekli içinde bulunduğu eğitim ve sivil toplum faaliyetlerine yeni bir ivme kazandırdı. Hafızlık ve din eğitimi alanında değişik kurum ve kuruluşlarda grup eğitimleri verdi.

Teşkilatlanma bilinci ve sivil toplumculuk alanında özel çalışmalarda bulundu. Tercümelerin yanında özgün eserler kaleme almaya başladı. Başta Senabil Hizmet ve Kültür Vakfı olmak üzere birçok sivil toplum örgütünün kuruluşuna katıldı. Hâlen birçoğunun yönetim, denetleme ve istişare kurullarında görevleri bulunmaktadır. Son olarak da Sosyal Doku Derneği'nin kuruluşuna fikrî öncülük yaptı.

Tebliğ ve irşat faaliyetleri kapsamında çocuk ve gençlerin eğitimi, örnek aile modeli, İslam ahlakı, teşkilat eğitimi, ümmet bilinci vb. konularda yüzlerce seminer ve konferans vermiş, hâlen vermeye devam etmektedir. Çeşitli dergilerde düzenli olarak yazıları yayınlanmaktadır.

Senabil Hizmet ve Kültür Vakfı ve Sosyal Doku Derneği'nde çalışmalarını sürdürmektedir. Evli ve dört çocuk babasıdır. Dünya Müslüman Âlimler Birliği ve Türkiye Âlimler Birliği'nin ilk üyelerinden olup sohbetleri **sosyaldoku.com** üzerinden yayınlanmakta, **fetvameclisi.com** adresinden de sorulara cevap vermektedir.

1) İşi Vaktinden Çok Olanlar (4 Cilt)
2) Rahmetin Kapısında
3) Mü'min Kimliğimiz
4) Edep ve Amel
5) Dinimize Hizmetin İç Sorunları
6) En Sevgiliden Uzanan Dallar (2 Cilt)
7) Ramazan Risalesi
8) Anahtar Cevaplar
9) Hani Din Hepimizindi?
10) Kıblegâh Evler
11) Baldan Tatlı Sözler
12) Medine Raporu
13) Bu Zamanın Sabrı
14) Aile Davamız
15) Geminin Neresindeyiz?
16) Mahrem Cevaplar
17) Namaz Muhasebesi
18) Hâlimizin İzahı
19) Hanımlar İçin İnciler
20) Mektubunuz Var
21) Mü'min Ev
22) Arş'ın Gölgesindeki Genç
23) Doğal Aile
24) Elbette Allahuekber
25) Mücahide Kadın
26) Bir Umut Bir Mektup (3 Cilt)
27) Hür Yürekli Genç
28) Şehzadebaşı Sohbetleri (2 Cilt)
29) Hacı Bayram Sohbetleri
30) Bu Çağa Rapor
31) Mağaradan Arş'a
32) Sünnet Neden Garip?
33) Bu Ümmetin Genci
34) İslam'dan Hayata Ölçüler
35) Bu Ümmetin Kızı
36) İnternet Fıkhı
37) Bu Ümmetin Fidanları Çocuklarımız

1) Medine Toplumu
Prof. Dr. Ekrem Ziya Ümeri
2) Düzeltilmesi Gereken Kavramlar *Muhammed Kutup*
3) Kur'an'da Resûlullah
Prof. Dr. M. Ali Haşimi
4) İslam İnancı
Muhammed Kutup
5) İslami Çalışma Metodu
Mustafa Muhammed Tahhan
6) Kur'an ve Sünnet'e Göre Müslüman Kadının Şahsiyeti
Prof. Dr. M. Ali Haşimi (Heyet)
7) İslam Fıkıh Ansiklopedisi
Prof. Dr. Vehbe Zuhayli (Heyet)
8) Sosyal Bilimler Ansiklopedisi
(Heyet)
9) Et-Tefsirul Münir
Vehbe Zuhayli (Heyet)
10) Bulûğu'l Merâm Şerhi
Nureddin Itr (Heyet)

Tahlil Yayınları:

Nureddin Yıldız Kitaplığı:

Yayın Editörü
Samet Öztürk

Arapça Tashih
Ömer Ulusoy

Kapak
Kenan Özcan

İç Tasarım - Mizanpaj
Furkan Selçuk Ertargin

Sanat Danışmanı
Furkan Selçuk Ertargin

Ocak 2009
Kasım 2018

Baskı - Cilt
Şenyıldız Matbaacılık
Sertifika No: 11964 Tel: (0212) 483 47 91

ISBN No
978-605-60765-3-4

İletişim Adresi
Kartaltepe Mah. 60. Sokak. No: 50 Bayrampaşa - İstanbul
Tel/Faks: 0212 417 77 75

tahlilyayinlari.com
editor@tahlilyayinlari.com

Nübüvvet Pınarından

Baldan Tatlı Sözler

Nureddin Yıldız

TAHLİL
YAYINLARI

Hamdimiz Salavâtımız

Rabbimiz!

Sana hamdlerin en güzeliyle hamd ederiz.

Bize ne güzel bir Peygamber gönderdin.

Peşinden gidilmesi kolay, bizi bizden çok seven, bize düşkün bir rehberimiz oldu.

Şefaatine erme umudumuz bize can kattı.

Sana hamdlerin en güzeliyle hamd ederiz; lütfettin, onun bize can katan sözlerinin kaybolmasını önledin de asırlar sonra o güzel sözleri kütüphanelerimizde bulduk.

Ne büyük bir nimet, ne ince bir lütüf oldu bizim için. Sana hamdlerin en güzeli ile hamd ederiz ey Rabbimiz!

Getirdiği kitabın Kur'an'ı daha iyi anlayalım, daha iyi olalım diye bize hadisler emanet eden 'âlemlere rahmet, bizden biri' Peygamber'e de salat ve selam ederiz.

Sünnetini koruyup yaşatmayı, ebediyete kadar adının ve mirasının var olmasına hizmet etmeyi bize nasip etmeni dileriz.

Takdim

Resûlullah *sallallahu aleyhi ve sellem* efendimizin hadisi şerifleri, Kur'an'dan sonraki ikinci kaynağımızdır.

Nasıl bir Müslümanlık yaşayacağımıza dair çok önemli bilgiler onlardan alınmaktadır. Ne kadar hadis bilgimiz varsa o kadar kalitemiz olacaktır.

Özellikle ahkâm konularını ihtiva etmeyen hadisi şerifler, her Müslüman'ın hemen uygulayabileceği yakınlık ve sadeliktedir.

Hadisi şeriflerin sadece ulemanın ulaşabileceği, uzun yıllar emek verilmeden anlaşılamaz nitelikte görülmesi hatadır. Basit bir açıklama ile her Müslüman hadislerden yararlanabilir.

Bu çalışmada, günlük hayatta bize yön verecek, nitelikli Müslüman olmamıza katkı sağlayacak kırk hadisi şerif seçilmiştir.

Hadislerin birinci dereceden kaynakları da gösterilmiştir. Mümkün olduğu kadar açıklamaların ve hadislerin tercümesinin ilmî düzeyde olmamasına gayret edilmiştir.

Aile ortamında ve ders halkalarında okunduğunda kalıcı izler bırakacağını umuyoruz.

Kur'an'dan, hadisten hareket eden bir yolda kalmayı bize lütfetmesini Allah Teâlâ'dan niyaz ederiz.

Nureddin Yıldız

Resûlullah ﷺ içimizden biridir, bize bizden yakındır

Bizim Peygamberimiz âlemlere rahmettir. Allah ona salat ve selam etsin. O, içimizden biridir; konuşması, düşünmesi bizim gibidir. Bizim gibi olduğu için bizi anlar, bize acır, bize karşı hassas davranır.

Bir annenin çocuğuna olan şefkatinden daha müşfik tutar tuttuğu eli. Onun bize acıması, bizim kendimize acımamızdan daha gerçekçidir. Üzüldüğümüze çok üzülür, yaramız onu yaralardı. Onun bize olan sevgisi dolu doludur.

Bizim için konuştuğunda içimizi dolduracak, yüreğimizi serinletecek şeyler söyler. O, Allah'ın içimizdeki elçisi, aramızda kurtuluş güzergâhımızı gösteren kılavuzumuzdur.

Bizim için uğraştı, yoruldu.

Konuştuğunda bizim için konuştu. Yaptığını bizim için yaptı. Sevdiğini bizim için sevdi. O bize geldi, bizim için var oldu. Sadece bize değil, âlemlere rahmet olarak geldi.

Bize Kur'an getirdi. Getirdiği Kur'an'ı öğretti, yaydı. Zor anladığımızı izah etti. Gecesi, gündüzü kadar aydınlık bir hayat bıraktı bize. Dostumuzu düşmanımızı öğretti bize. Rabbimize giden yolları açtı bizim için.

Herkese anladığı dille konuştu. Yemenli geldi, onun kulağına hoş gelen dili kullandı. Bedevi geldi, onu memnun etti. Kulaklardan gönüllere girdi. Bir defa dinleyen bir daha hiç unutmadı ondan duyduklarını.

Ona düşmanlık etmek için kötü niyetle önüne çıkanlar dahi, o güzel ve berrak sözler karşısında eridiler. Ne için geldiklerini unutup, iman ederek gittiler.

Sallallahu aleyhi ve sellem.

Seçme yapmadı. Kim geldiyse önüne, onunla konuştu. Bir ihtiyarsa önündeki ona konuştu. İhtiyar, sadece onunla konuştuğunu zannedecek kadar kendisine yakın hissetti onu.

Bir kadınsa gelen onunla da açık seçik konuştu. Kadın, onunla konuşurken rahatladı. Babasıyla, kardeşiyle konuştuğundan daha rahat konuştu. Derdini anlattı, cevabını dinledi. Huzur bulup geri döndü.

Onun çocuklarla konuşması bir başkaydı. Çocuklara söylediği sözler yıllar sonra büyüklere malzeme oldu. Onu dinleyen çocuklar ondan dinledikleriyle büyüdüler. Onlara söylediği sözler, minik gönüllerinde koca davalar yeşertti.

O, 'yavrum!' demeye görsün; çocuklar annelerini unutup ona koştular. Kendi torununu da, azatlı kölesinin oğlunu da kucağına aldı. Bazen öptü konuştu, bazen karşısına alıp, koca adam misali konuştu onlarla.

Öyle içten ve öyle tatlı konuştu ki, o mücevher sözlerinden kaybolan olmadı. Kucağına oturmakla şereflenen o çocuklar, dinledikleri o güzel sözleri yıllar sonra, adları gibi hatırlayıp tekrar ettiler.

O sözlerle kendileri de ihya oldu, geriden gelen nesilleri de ihya ettiler. Kıyamete kadar gelecek bütün nesillere yarayacak, ruhlara hayat verecek şeyler konuştu.

O gerçekten bir rahmetti. Bize bizden yakın, bizi bizden çok düşünen, bizim dilimizle konuşan, bizi anlayan bir rahmetti.

O, katı kalpli, sert sözlü olsaydı etrafında kimseyi bulamazdı. Veda konuşmasını yaparken on binler onu dinlemezdi.

O, yüreğinin derinliklerinden gelen bir merhametle konuşmasaydı, sözlerinin tesiri bu günlere kadar gelmezdi. O bize annelerimizden daha yakın olmasaydı, o gün konuştuklarına bugün gözyaşı akıtmazdık.

O ne dediyse bizim için dedi. Ağzından akan baldan tatlı, ana şefkatinden daha sıcaktı. Bütün insanlara yetecek, her derde çare olacak şeyler söyledi. Ona kulağını açanlar, kendilerini kurtaracak şeyler buldular onda.

O, baldan tatlı, baldan daha şifalı şeyler söyledi. *Sallallahu aleyhi ve sellem.*

O'nun çizdiği çizgilerin anlamı

Yolumuzun cennete ulaşan bir yol olduğuna iman ediyoruz. İslam, o yolun adıdır. Cennete ulaşan başka hiçbir yol yoktur. Cenneti umut eden her insanın İslam yoluna girmesi şarttır.

Kur'an'ımız, girdiğimiz bu yolun güzergâhını belirler. Elimizi kolumuzu sallayarak, dilediğimiz yerde durup dinlenemeyeceğimizi bize öğretir. En kestirmeyi, en güvenliyi gösterir bize. Ana çizgiler Kur'an'la çizilmiştir. Helaller, haramlar, görevler, ikazlar onunla bilinir.

Resûlullah *sallallahu aleyhi ve selleme* ait bilgilerin bize aktarılmış şekli olan hadisi şerifler de yolumuzun çizgilerindendir. Daha güvenli ve daha kurallı yol almak için onun hadislerine ihtiyacımız vardır.

Hayatımızın onun hadislerine göre düzenlenmesi ile ondan mahrum olarak düzenlenmesi arasında, geceleyin çizgileri olan bir yolda yol almakla gündüzleyin çizgileri silinmiş veya hiç konmamış bir yolda yol almak arasındaki kadar fark vardır.

Hadisler hayatımızdan kaldırıldığında direksiyon hâkimiyetini kaybederiz. Bir yol alırız ama o yolun bizi nereye götürdüğünü bilemeyiz. Tehlikeyle her an yüz yüze kalırız.

Resûlullah *sallallahu aleyhi ve sellem*in hadisleri, onun *rahmetenlilâlemîn* olmasının bize yansıyan yönüdür.

Eğer hadisleri elimizde olmasaydı, onun bizim için ve bütün âlemler için rahmet olarak gönderildiğini nasıl hissedecektik.

Evet, Kur'an'ımız elimizdedir. Kur'an da onun rahmetinin bize yansıyan bölümüdür. Belki de Kur'an, bu yönünü öne çıkaran asıl belgedir.

Ancak Kur'an bizim için indirilmiş olmasına rağmen, onu beyan eden ve bize kolaylaştıran Peygamber *sallallahu aleyhi ve sellem*in varlığıyla biraz daha kolay anlaşılır, rahmet esintisi daha yakından hissedilir olmaktadır. Bu yönüyle Kur'an ve hadisler, birbirini tamamlayan bir rahmetin önü ve arkası gibidir.

Kur'an ve hadisleri aynı şey olarak görmek de doğru değildir. Kur'an'ın bir benzeri olamayacağı gibi ona yakın sayılabilecek bir metin de olamaz.

Kur'an'ın yeri başkadır; o tektir. Hadislerin en belirgin özelliği, umumiyetle hayatın içinden olaylara getirilmiş yorumlardan, sorulara verilmiş cevaplardan oluşmuş olmalarıdır. Anlaşılması, uygulanması daha kolaydır.

İçimizden biri olan Muhammed *aleyhisselam*ın lisanından çıkmış; ama hevasından konuşmayan biri olmanın teminatı altındaki insanın sözlerinden olan hadisler bizim için tam bir rahmettir.

Karanlık bir gecede yolda yürüyenlerin elindeki fener gibidir o hadisler. Onları anlamak ve tatbik etmek, Allah'a yaklaşmak ve rızasını elde etmektir. Onlardan mahrum olmak; en iyi deyimle yokuşta daha çok terlemek, yolu uzatmaktır.

Yolumuzu düz ve pürüzsüz temin eden hadislerin her biri bizim için başka bir nimet kapısı açmaktadır.

Elhamdülillah, hadislerin büyük bölümü dilimize tercüme edilmiş bulunmaktadır. En temel hadis kitapları hatta hadis ilmine ait ilmî çalışmalar Türkçe'ye aktarılmıştır.

Elimizin altında bulunmasına rağmen hadisin bereketinden yeteri kadar yararlanamayışımızın pek çok nedeni olabilir. Özellikle şu nedenler pek çok Müslüman okuru hadis okumaktan uzak tutmaktadır:

a. Hadis ilminin kendine ait kavramları hemen hemen her hadiste karşımıza çıkmaktadır. Bu da ehli olmadıkça hadis okunamaz, şeklinde telakki edilmekte, onun yerine hadislerden yorumlanarak hazırlanmış eserler tercih edilmektedir.

b. Gerçekte ise Buharî ve Müslim gibi hadis kitapları için geçerli olan bu tespit, bir *Riyazussalihin* için geçerli değildir. Özellikle şerhiyle beraber okunduğunda bu sorun yoktur.

c. Hadis kitapları umumiyetle pek çok konunun aynı anda işlendiği kaynaklardır. Biz ise hazır konuları tercih ederiz.

d. Fıkhî bir konuda hadis okumanın meseleyi anlamada yeterli olmayacağı kanaati nispeten doğrudur.

   Çünkü pek çok hadis fıkha temel oluştururken, başka hadisleri de beraberinde incelemeyi gerektirmektedir. Ancak ahlâkî meseleleri ele alan hadislerde bu yoktur.

e. Arapça bilmeyenler için hadislerin herhangi bir dile tercüme edilmiş hâli, aslındaki lezzeti veremeyecektir. Bunun için hadislerin soğuk bir Latin alfabesi ile okunması yerine Arapçasının bulunduğu bir metinden anlaşılmaya çalışılması daha bereketli olacaktır.

Okumamız gereken ve okuduğumuzda yüksek derecede istifade edebileceğimiz binlerce hadis vardır. Bu hadislerin önemli bir bölümü benzer anlamları tekrar ederler. Bazen bir hadisteki iki kelimelik farklılık dikkat çeker. Hangi hadisi hangi konuda okuyacağımızı araştırmamız bir ihtisas işi olabilir.

Önümüze konan bir hadisi, Peygamber mirası olarak görüp özümsemeye çalışmak, onu ibadet heyecanı ile okumak, Müslüman olarak yaşamak için elzem olanlar arasında görmek ise herkes için gerekli olan ve ihtisas istemeyen bir meseledir.

Her gün bir hadis okumak, bir yılda büyük bir külliyeye sahip olmaktır. Hadis okumanın, birinci dereceden kaynağa muttali olmak olduğunu idrak eden için değeri bir başkadır. Müslüman hadis okurken:

- Resûlullah *sallallahu aleyhi ve sellemi* dinliyor gibi okur. Ashabın büyüklüğü, gözlerinin onu dinlerkenki bakışlarında gizliydi. Biz bir hadisi şerifi, çok değerli sözler söyleyen birinin sözü olarak dinleyemeyiz.

  Hadisin sahibi Peygamber *sallallahu aleyhi ve sellem*, hadis de dindir. Bu seviyede bir ciddiyetle okunan veya dinlenen hadisin kalıcılığı ve etkisi yüksek olacaktır.

- Hadislerin din olmasının bir gereği de bizim onlara ilave veya eksiltme yapamayacağımız gerçeğidir.

  Yorum yapmamız bile bizi akidemizle sıkıntıya düşürebilir. Hadisin bulunduğu bir ortamda '*bana göre*' diye bir kavram yoktur artık.

  Hadise ilave yapmak zaten kimsenin hakkı değildir ama hadisten ne anlaşılması gerektiği, ehil olan için söylenebilecek sözler arasındadır. O ehliyet de diploma veya makam değildir. Tam anlamıyla ehliyettir.

- Hadislerin mezheplere göre, meşreplere göre yorumlanması dinen kabul edilemez bir yanlıştır. Böyle bir tutum, Peygamber *sallallahu aleyhi ve sellemi* de mezhebimize, meşrebimize çekmek olur ki bu olduğu gibi hatadır.

- Hiçbir mezhep imamı böyle bir şey yapmamıştır. Onların yaptığı, hadisleri mezheplerine uydurmak değil, mezheplerinin hadislere uygun olduğunu ispat etmek olmuştur ki böylesi kabul edilebilirdir.

- Bir sözün altında 'hadis' yazmış olması, onun hadis olduğuna inanmamız için yeterli değildir. Hadisler, Resûlullah *sallallahu aleyhi ve selleme* ulaşmadaki sağlamlık oranına göre bir tür puanlamaya tabi tutulmuşlardır.

- *'Sahih, hasen, zayıf'* kavramları bu puanlamayı anlatan ifadelerdendir. Özellikle *'mevzu'* önemli bir hadis kavramıdır.

  Hadis okuyanın bu hassasiyetlere dikkat edebilmesi belli bir ön hazırlığı gerektirecektir. Bu da ciddi bir eğitimdir.

- Ümmetin okunabilirliğinde ihtilaf etmediği *Riyazussalihin* gibi kitapların okunması ise böyle bir tereddüde mahal bırakmaz.

İçimizden biri olan Muhammed aleyhisselamın lisanından çıkmış; ama hevasından konuşmayan biri olmanın teminatı altındaki insanın sözlerinden olan hadisler bizim için tam bir rahmettir.

Helal Dairesinde Kal

1

عَنْ جَابِرِ بْنِ عَبْدِ اللّٰهِ الْأَنْصَارِيِّ رَضِيَ اللّٰهُ عَنْهُمَا أَنَّ رَجُلًا سَأَلَ رَسُولَ اللّٰهِ صَلَّى اللّٰهُ عَلَيْهِ وَسَلَّمَ فَقَالَ:

«أَرَأَيْتَ إِذَا صَلَّيْتُ الصَّلَوَاتِ الْمَكْتُوبَاتِ، وَصُمْتُ رَمَضَانَ، وَأَحْلَلْتُ الْحَلَالَ، وَحَرَّمْتُ الْحَرَامَ، وَلَمْ أَزِدْ عَلَى ذٰلِكَ شَيْئاً، أَأَدْخُلُ الْجَنَّةَ؟ قَالَ: نَعَمْ.»

Cabir bin Abdillah el-Ensarî *radıyallahu anh* diyor ki:

Bir adam Resûlullah *sallallahu aleyhi ve selleme* dedi ki:

“Ben farz namazları kılar, orucu tutar ve helali helal, haramı haram kabul edip, bundan fazla bir şey yapmasam cennete girer miyim?”

Resûlullah *sallallahu aleyhi ve sellem* ona **“Evet.”** diye cevap verdi.

Müslim, İman, 4 (110)

Petekten Sızan

Kurtuluşun ana hattı iki şeydir: Haramlardan kaçınmak ve farzları eda etmek. Helali helal, haramı haram bilmek ve bildiğinle yaşamak işin özüdür.

Bu hadiste soru soran sahabi, Numan isimli bir sahabidir. Açık bir dille soru sormuş ve açık bir cevap beklemiştir. Resûlullah *sallallahu aleyhi ve sellem* de ona net bir cevap vermiştir:

"Evet."

Haccı ve zekâtı sorusuna neden dâhil etmediği merak edilebilir. Bunun iki nedeni olabilir. Birincisi, henüz o günlerde zekât ve hac farz edilmemiştir.

Ya da Numan *radıyallahu anh*, bu iki mali ibadetle mükellef olacak durumda değildi. Her halükârda sahabi Numan *radıyallahu anh*ın kendisi için çizdiği çizgi çok net bir çizgidir ki, ona diğer emir ve yasaklar zaten girmektedir:

'Helali helal, haramı haram kabul etmek.' Bu da neyi yapıp neyi yapmayacağına dair ölçüyü belirlemektir.

Resûlullah *sallallahu aleyhi ve sellem*in bir kelimelik cevabı olan 'evet' sözcüğünden anlaşılan şudur: İslam, yaşanması zor bir din değildir.

Bitmez tükenmez, emirlerden oluşmamaktadır. Allah, kulları için zorluk değil, ciddiyet dilemiştir.

Nisa suresinin 31. ayeti de bu 'evet' sözünü nasıl anlamamız gerektiğine işaret etmektedir:

"Eğer size yasaklanan büyük günahlardan kaçınırsanız, küçük günahlarınızı bağışlar ve sizi şerefli bir mevkiye koyarız."

Kötülüğe Sebep Olma

2

عَنْ عَبْدِ اللّٰهِ بْنِ عَمْرِو بْنِ الْعَاصِ أَنَّ رَسُولَ اللّٰهِ صَلَّى اللّٰهُ عَلَيْهِ وَسَلَّمَ قَالَ:

مِنَ الْكَبَائِرِ شَتْمُ الرَّجُلِ وَالِدَيْهِ قَالُوا يَا رَسُولَ اللّٰهِ وَهَلْ يَشْتِمُ الرَّجُلُ وَالِدَيْهِ **قَالَ نَعَمْ يَسُبُّ أَبَا الرَّجُلِ فَيَسُبُّ أَبَاهُ وَيَسُبُّ أُمَّهُ فَيَسُبُّ أُمَّهُ.**

Abdullah bin Amr bin As *radıyallahu anh*umadan rivayet edildiğine göre Resûlullah *sallallahu aleyhi ve sellem* şöyle buyurdular:

'Kişinin anne babasına sövmesi büyük günahlardandır.' Dediler ki: 'Ya Resûlellah! İnsan anne babasına söver mi hiç?' Buyurdu ki:

'Evet. Başkasının babasına söver, annesine söver, o da onun annesine söver.'

Müslim, İman, 38 (259);
Buharî, Edeb, 4 (5973);
Tirmizî, Birr, 4 (1902)

Petekten Sızan

- Sövmek, Müslüman için uygun olmayan çirkin işlerdendir.
- Müslüman kendi iffetine önem verdiği gibi diğer insanların iffetine karşı da hassas olacaktır.
- İnsanın sebep olduğu hataların vebalini üstlenmekten kurtulması mümkün değildir. Bir hayra vesile olan, o hayırdan dolayı sevap kazanır.
- Bir günaha sebep olan da o günah işlendikçe günah kazanır. Söz ve hareketlerimizin ucunun nereye dayandığına dikkat etmemiz gerekmektedir.
- Büyük günahlardan biri, insanın kendi ebeveynine sövmesidir. Bu bir şeref kirletmesidir ve çirkindir. Kimse bunu kendi annesi için yapmaz.
- Ancak yapılmasına sebep olmak aynı derecede bir suç olarak görülmüştür. Mü'minler birbirlerinin kardeşleridirler.
- Anneler bu kardeşlik bağıyla herkesin ortak şerefi olarak görülmelidirler.
- Başkasının şerefini hor görmek, sonunda kişinin kendi şerefini hor görmesi olarak karşısına çıkar.

Başkasının şerefini hor görmek, sonunda kişinin kendi şerefini hor görmesi olarak karşısına çıkar.

Din Kolaydır

3

عَنْ أَبِي هُرَيْرَةَ رَضِيَ اللّٰهُ عَنْهُ أَنَّ النَّبِيَّ صَلَّى اللّٰهُ عَلَيْهِ وسَلَّمَ قَالَ:

إِنَّ الدِّينَ يُسْرٌ، ولَنْ يُشَادَّ الدِّينُ إِلَّا غَلَبَهُ فَسَدِّدُوا وَقَارِبُوا وَأَبْشِرُوا، وَاسْتَعِينُوا بِالْغَدْوَةِ وَالرَّوْحَةِ وَشَيْءٍ مِنَ الدُّلْجَةِ.

Ebu Hureyre *radıyallahu anh*tan rivayet edildiğine göre, Nebî *sallallahu aleyhi ve sellem* şöyle buyurdu:

"Din kolaylıktır. Dini aşmak isteyen kimse, ona yenik düşer. O halde orta yolu tutunuz, en iyiyi yapmaya çalışınız, o zaman size müjdeler olsun; günün başlangıcından, sonundan ve bir miktar da geceden faydalanınız."

Buharî'nin bir başka rivayeti şöyledir:

"Orta yolu tutunuz, amellerinizi mükemmelleştirmeye ve Allah'a yakın olmaya gayret ediniz. Sabahleyin, öğle ile akşam arası çalışınız. Bir parça da geceden faydalanınız. Aman acelesiz gidin, telaşsız gidin ki, menzilinize, varacağınız hedefe ulaşasınız."

(Buharî, İman, 29-39)

Petekten Sızan

İslam kolaydır. Din Allah'ın indirdiği gibi yaşandığında altından kalkılamaz şeyler yüklemez. Eğer kullar kendileri dini zorlaştırmaya kalkarlarsa bu yaptıkları onları ezer.

Daha iyi yapacaklarını zannederken hiç yapamaz olurlar. En iyisi emredileni yapıp yasaklardan kaçınmak ve hiçbir ilave yapmamaktır.

İtidal esastır. Ancak orta yolu tutmakla yaptığını iyi yapmak arasındaki çizgiye dikkat edilmelidir. Bunu şöyle örneklendirebiliriz:

Bir Müslüman'ın sabah namazına kalkması Allah'ın emridir. Sabah namazı dindir. Kul sabah namazını vaktinde, adabına ve şartlarına uygun olarak kıldığında üzerine düşeni yapmış olur ve ecrini kazanır.

Daha çok sevap kazanmak için namazın başına ve sonuna sünnette olmayan uygulamalar getirirse hem bunu sürekli yapmak ona ek bir külfet getireceği için din onu ezer, hem de bidat işlediği için vebale girer.

Emredileni emredildiği gibi yapmak en güzelidir.

Bu örneği oruca da uygulayabiliriz. Nafile oruç teşvik edilmiştir.

Ancak sürekli nafile oruç tutup farzları eda edecek enerjiyi kendinde bulamayan, cihat olan amelleri yapabilecek takati kaybeden biri, uygun olmayanı yapmıştır.

Önemli ile öncelikli arasında ayrım yapmak gerekir.

Tıkanıp kalmak bir tehlikedir. Müslüman gündüz tıkanıyorsa geceyi, gece tıkanıyorsa gündüzü değerlendirme yolunu denemelidir.

Bu sürekli bir hareket hâlinde olma anlamına gelmektedir ki müjdelenmiş bir tutumdur.

Çok yapmak, yoğun olmak, hacmi büyük tutmak kurtuluş olmayabilir. Kurtuluş; iyi yapmak ve ihlâslı yapmaktır.

Şeytanın, kulu hedefinden saptıracağı metotlarından biri de suni heyecan ve aceleciliktir. Özellikle insan yetiştirme ve çocuk eğitmede acelecilik, zayiatın başlangıcı olmaktadır.

Bu hadisi şerifteki müjdeyi farklı alanlara da taşıyabiliriz. Nasıl gündüzü kendisi için yetersiz görene geceyi değerlendirmesi tavsiye ediliyorsa, aynı şekilde oruç tutarak nafile ibadetlerinde ilerlemeye muvaffak olamayanın sadaka yolunu denemesi, onu başaramayanın hasta ziyareti yolunu denemesi gerekir.

Çocuğunu Kur'an'a adayıp ehli Kur'an yapmak isteyen bir Müslüman, bütün gayretlerine rağmen bunu başaramıyorsa yılmamalı, bir başka alanda gayret ederek emeline kavuşmayı aramalıdır.

Fıkıh ilminde ilerlemesini sağlamalıdır. O olmuyorsa, iyi bir kul olabileceği başka bir alan denemelidir.

O, bu bütün yollar tıkalı görülüyorsa yine de yılmamalı, o zaman da en zararsız nasıl kalabileceğini araştırmalı ama asla şeytana teslim olup kenara çekilmemelidir.

Annen Annen !

4

عَنْ أَبِي هُرَيْرَةَ رَضِيَ اللّٰهُ عَنْهُ قَالَ:
جَاءَ رَجُلٌ إِلَى رَسُولِ اللّٰهِ صَلَّى اللّٰهُ عَلَيْهِ وَسَلَّمَ فَقَالَ يَا
رَسُولَ اللّٰهِ مَنْ أَحَقُّ النَّاسِ بِحُسْنِ صَحَابَتِي قَالَ **أُمُّكَ** قَالَ ثُمَّ
مَنْ قَالَ ثُمَّ **أُمُّكَ** قَالَ ثُمَّ مَنْ قَالَ ثُمَّ **أُمُّكَ** قَالَ ثُمَّ مَنْ قَالَ ثُمَّ **أَبُوكَ**.

Ebu Hureyre *radıyallahu anh*ın rivayet ettiğine göre bir adam Resûlullah *sallallahu aleyhi ve selleme* gelerek insanlar arasında en çok ilgilenmesi gerekenin kim olduğunu sordu. Ona:

'**Annen!**' diye cevap verdi.

Adam: 'Sonra kim?' diye sordu.

'**Annen!**' dedi.

'Sonra kim?' diye sordu.

'**Annen**!' dedi.

'Sonra kim?' diye sordu.

'**Baban!**' dedi.

Buharî, Edeb, 2 (5971);
Müslim, Edeb, 1 (6448)

Petekten Sızan

- Kur'an, anne babanın üstünlüğünü, Allah'a kulluktan sonraki noktaya çıkarmaktadır.

  Hadisler de anne baba üstünlüğünü vurgulamakta ve onlara alaka hususunda anneyi üç kat öne çıkarmaktadır.

- Bu hadisten açıkça anlaşılabileceği gibi üç baba bir anne durumunda olmaktadır.

  Nedeni ne olursa olsun, burada annelere daha çok ilgi gösterilmesi, onların daha çok hizmet görmesi konusunda teşvik vardır.

- Annelerin öne çıkarılması iki hususa dikkat etmemizi gerektirmektedir. Bunların birincisi, bu kural babaların ihmal edilmesi anlamında değildir.

- Babaların yeri yine Allah'a kulluktan sonraki o üstün makamdır. Ancak ikisi arasında bir kıyaslamada anne öndedir.

- Annenin üç kere öne çıkarılması bir başka açıdan da dikkatimizi çekmektedir.

  Annelerin bu üstünlüğü dua ettiklerinde veya beddua ettiklerinde onları daha müessir bir duruma getirmektedir.

- Üzerimizdeki hakkı babanın hakkına göre üç kat fazla olanın ağzındaki tesir de o fazlalığa ölçülmelidir.

Bu durum bizim annelere karşı hangi noktada olmamız gerektiğini bize göstermektedir.

- Anneler önümüzdeki cennet veya cehennem olarak da görülebilirler.

Mü'min Yumuşaktır

5

عَنْ جَرِيرِ بْنِ عَبْدِ اللّٰهِ رَضِيَ اللّٰهُ عَنْهُ قَالَ: سَمِعْتُ رَسُولَ اللّٰهِ صَلَّى اللّٰهُ عَلَيْهِ وَسَلَّمَ يقُولُ:

مَنْ يُحْرَمِ الرِّفْقَ يُحْرَمِ الْخَيْرَ كُلَّهُ.

Cerîr İbni Abdillah *radıyallahu anh*, Resûlullah *sallallahu aleyhi ve sellemi* şöyle buyururken dinledim, dedi:

"Yumuşak davranamayan kimse, bütün hayırlardan mahrum kalmış sayılır."

Müslim, Edeb, 23 (6541)
Ebu Davud, Edeb, 11 (2592);
Tirmizî, İbni Mace,

Petekten Sızan

Hadisi şerif yumuşak davranmayı hayrın başı olarak göstermektedir. İnsan, çatık kaşlarını, sıktığı yumruğunu, elindeki sopasını, belindeki silahını, diş gıcırdatmasını güç olarak görebilir. Bu görüş iyi bir görüş değildir.

Yumuşaklık hayrın başında bulunmaktır. Yumuşaklığı prensip edinenin Allah'ın yardımına daha yakın olduğunu, işinde ve sözünde daha çok bereket olacağını da bu uyarıdan anlıyoruz.

Bu anlamdaki diğer hadislerden de anlaşılıyor ki Allah Teâlâ, kendisi kullarına rahmeti ile muamele ettiği gibi merhametli ve nazik kullarını da sevmektedir.

Kolaylık gösterene, cana yakın olana rızası ile muamele etmektedir. Nerede kolaylık varsa Allah'ın bereketinin de orada olacağı görülmektedir.

Müslim'in rivayet ettiği bir hadisi şerif bizim için oldukça nazik bir uyarıdır:

"Allah Teâlâ kullarına lütufkârdır. Onlara kolaylık gösterilmesine memnun olur. Zorluk çıkaranlara ve başkalarına vermediği başarıyı ve sevabı, kolaylık gösterenlere verir."

Asla unutulmamalıdır ki bize öğütlenen kolaylaştırma; dinden traşlamak değildir.

Özel menfaatlerimizden vazgeçmek, sabretmeyi tercih etmek, gönle daha hoş geleni aramak hedefimiz olmalıdır.

Özel menfaatlerimizden vazgeçmek, sabretmeyi tercih etmek, gönle daha hoş geleni aramak hedefimiz olmalıdır.

Beddua yok
Dua ve Gayret var

6

عَنْ جَابِرِ بْنِ عَبْدِ اللّٰهِ قَالَ قَالَ رَسُولُ اللّٰهِ صَلَّى اللّٰهُ عَلَيْهِ وَسَلَّمَ:

لَا تَدْعُوا عَلَى أَنْفُسِكُمْ وَلَا تَدْعُوا عَلَى أَوْلَادِكُمْ وَلَا تَدْعُوا عَلَى خَدَمِكُمْ وَلَا تَدْعُوا عَلَى أَمْوَالِكُمْ لَا تُوَافِقُوا مِنَ اللّٰهِ تَبَارَكَ وَتَعَالَى سَاعَةَ نَيْلٍ فِيهَا عَطَاءٌ فَيَسْتَجِيبَ لَكُمْ.

Cabir bin Abdullah *radıyallahu anh,* Resûlullah *sallallahu aleyhi ve sellem*in şöyle buyurduğunu rivayet etmiştir:

'Kendinize beddua etmeyin. Çocuklarınıza beddua etmeyin. İşçilerinize beddua etmeyin. Malınıza beddua etmeyin. Allah'ın duaları kabul edeceği saate rastlar da bedduanız geçerli olur.'

Ebu Davud, Vitr,28 (1532);
Müslim, Zühd,18 (7437)

Petekten Sızan

- Dua büyük bir silahtır. Vaktine ve şartlarına uyularak yapılan bir dua mü'minin yardımcısıdır.

  Dua silahının nerede ve nasıl kullanılacağını bilemeyen veya nefsine hâkim olamayıp ölçüsüz dualar eden mü'min kendine zarar verir.

- Gergin anlarında yaptığı duası kabul olunduğu zaman pişman olur. Ne yazık ki insanın pişman olmakla zararı geri çevirme imkânı da yoktur.

- İnsan kendine beddua edebilir. Doğurup büyüttüğü, emelini bağladığı çocuklarına beddua edebilir. Hatta uğrunda ömür tükettiği malına da beddua edebilir.

- Bu durum insanın aceleciliği, tahammülsüzlüğü ve sabır eksikliğinden ileri gelir. Ancak mü'min, nefsini dizginlemesini bilen insandır.

  Hâlbuki mü'min, zorlandığı her an imanını devreye sokmasını bilen insan olmalıdır.

- Çocuklarımız ve mallarımız üzerinde karşımıza çıkan nice sıkıntıların, kendi beddualarımızla geliştirdiğimiz sıkıntılar olabileceğini düşünmeliyiz.

- Dua bir silahtır, o silahı gelişigüzel kullanmak doğru değildir. Dikkat edilmediği takdirde şeytan en güçlü silahımızı kendimize karşı kullanabilmektedir.

Dua bir silahtır, o silahı gelişigüzel kullanmak doğru değildir. Dikkat edilmediği takdirde şeytan en güçlü silahımızı kendimize karşı kullanabilmektedir

Müthiş Örnek

7

عَنْ أَبِي هُرَيْرَةَ رَضِيَ اللّٰهُ عَنْهُ قَالَ:

بَالَ أَعْرَابِيٌّ فِي الْمَسْجِدِ، فَقَامَ النَّاسُ إِلَيْهِ لِيَقَعُوا فِيهِ، فَقَالَ النَّبِيُّ صَلَّى اللّٰهُ عَلَيْهِ وسَلَّمَ:

دَعُوهُ وَأَرِيقُوا على بَوْلِهِ سَجْلًا مِنْ مَاءٍ أَوْ ذَنُوباً مِنْ مَاءٍ، فَإِنَّمَا بُعِثْتُمْ مُيَسِّرِينَ ولَمْ تُبْعَثُوا مُعَسِّرِينَ.

Ebu Hureyre *radıyallahu anh* şöyle dedi:

Bedevinin biri Mescidi Nebevî'de küçük abdestini bozmuştu. Sahabiler onu azarlamaya kalkıştı. Bunun üzerine Peygamber *sallallahu aleyhi ve sellem* şöyle buyurdu:

"Adamı kendi hâline bırakın. Abdest bozduğu yere bir kova (veya büyük bir kova) su dökün.

Siz kolaylık göstermek için gönderildiniz, zorluk çıkarmak için değil."

Buharî, Edeb, 80 (6128)

Petekten Sızan

Konu çok açık: Bir bedevi, Cebrail *aleyhisselam*ın gelip vahiy getirdiği, içinde Peygamber *aleyhisselam*ın bulunduğu bir mescitte abdest bozuyor.

Çok doğal olarak, o mescidi yüreklerinin en derin yerinde tutan sahabiler tepki gösteriyorlar.

Mescidin ve meclisin büyüğü, âlemlere rahmet Nebi, olaya müdahale ediyor. Müdahalesinin üç boyutu var:

a. Önce olayı yatıştırıyor. '**Adamı rahat bırakın**.' diyor.

b. Yapılması gereken acil eyleme yönlendiriyor. '**Oraya su dökün**.' diyor.

c. Gerekçeyi ve genel kuralı koyuyor: '**Siz kolaylık göstermek için gönderildiniz, zorluk çıkarmak için değil.**'

Olayın gözle görünen şekli, mescitte abdest bozulmasıdır. İç derinliklerinde ise bir hataya karşı, o hatayı düzeltme ve insanı yönlendirme boyutu vardır.

Çünkü insanın bulunduğu ortamda hiç umulmadık anda ve mekânda bir yanlışlık ortaya çıkabilir. Nasıl müdahale edileceği, korunması gereken önceliklerin ne olacağı önemlidir.

Bir insanın ağır bir hatası mescitlerin en büyüklerinden birinde gerçekleşiyor; ama koruma önceliği bir anlamda o hatanın sahibi insana yöneliyor.

Ve bu tavırdaki temel mantık şu cümlede özetleniyor: 'Siz kolaylık göstermek için gönderildiniz, zorluk çıkarmak için değil.'

Evde aile reisliği, çocuğun başında öğretmenlik, iş yerinde mal sahipliği, devlet dairesinde memurluk yaparken Müslüman'ın işletme anlayışı bu kuralla belirlenmiştir.

Şu kadar ki bu kural 'emaneti koruma' kuralı ile de çelişkili hâle getirilmemelidir.

Müslüman, dengeleri en iyi kollayan insandır. Kolaylık göstermek, emanete hıyanet etmek olarak uygulanmamalıdır.

Namaza kalkmayan baliğ çocuğa kolaylık göstermek, namaza kalkmasına yardım etmek şeklinde olmalıdır.

Kolaylık gösterici olmak, hatalara zemin hazırlamak değil, hatalara giden yolu doğruluğa yönlendirmektir.

Bu olayda failin 'bedevi' olarak anılmasına da dikkat edilmelidir. Bedevi, uygarlık görmemiş dağ adamı anlamına gelmektedir.

Aynı esnekliğin mescit nedir bilen bir insana gösterilmeyeceğini herkes bilir. İnsanların özel hâllerini değerlendirerek karar vermenin en güzel örneklerinden biri bu olayda görülmüştür.

Anne, baba, öğretmen, yönetici, davetçi, görevli, işçi, talebe... Resûlullah *sallallahu aleyhi ve sellem* bütün ümmetine söyleyeceğini söylemiştir:

'Siz kolaylık göstermek için gönderildiniz, zorluk çıkarmak için değil.'

Haramlar Sınırlardır

8

عَنْ عَائِشَةَ رَضِيَ اللّٰهُ عَنْهَا قَالَتْ:
مَا خُيِّرَ رَسُولُ اللّٰهِ صَلَّى اللّٰهُ عَلَيْهِ وَسَلَّمَ بَيْنَ أَمْرَيْنِ قَطُّ
إِلَّا أَخَذَ أَيْسَرَهُمَا، مَا لَمْ يَكُنْ إِثْماً، فَإِنْ كَانَ إِثْماً كَانَ أَبْعَدَ
النَّاسِ مِنْهُ. وَمَا انْتَقَمَ رَسُولُ اللّٰهِ صَلَّى اللّٰهُ عَلَيْهِ وسَلَّمَ لِنَفْسِهِ
فِي شَيْءٍ قَطُّ، إِلَّا أَنْ تُنْتَهَكَ حُرْمَةُ اللّٰهِ، فَيَنْتَقِمُ لِلّٰهِ تَعالَى.

Âişe *radıyallahu anha* şöyle dedi:

Resûlullah *sallallahu aleyhi ve sellem* iki şeyden birini yapma konusunda serbest bırakıldığı zaman, günah olmadığı takdirde mutlaka onların en kolayını seçerdi.

Yapılacak şey günah ise, ondan en uzak duran kendisi olurdu.

Allah'ın yasakları çiğnenmediği sürece şahsı adına hiçbir şeyden dolayı intikam almamış; Allah'ın yasağı çiğnenmişse, onun cezasını mutlaka vermiştir.

Buharî, Menakıb, 23 (3560);
Müslim, Fadail, 20 (5999)

Petekten Sızan

Resûlullah *sallallahu aleyhi ve sellem* efendimizin rahmet nebisi olduğu apaçık ortadadır. Olduğu gibi merhamettir o.

Ümmetine de onun gibi olmalarını tavsiye buyurmuştur. Merhametli, kolaydan yana, umut verici, bağışlayıcı oldu. Bunları emretti.

Ancak, günah ve isyan olanda hiç esnemedi. Kolaylığı, kendi nefsi için olan tercihlerindeydi. Taviz, zevklerden ve özel menfaatlerden olur.

Din olduğu gibidir, gevşetilemez. Din Allah'ın dinidir. O dinini gereği kadar kolay kılmış, esnetilebilecek noktalarını da göstermiştir.

Yolcu iken namazları kısaltmaya, hasta iken oturarak kılmaya zaten izin verilmiştir. Kulların velev peygamber olsa bile Allah'ın dininden taviz verme hakları yoktur.

Kendimizden ve menfaatimizden verdikçe kullukta ve insanlıkta ilerleriz. Dinimizden kopardıkça kullukta geriler, vebal artırırız.

Çiğnenen din hükümlerine karşı sessizlik merhamet değildir. Makul bir siyaset de değildir.

Günahlardan uzak durmak birinci basamak, günahlara karşı uyanık ve tepkili olmak ikinci basamaktır.

Merhametli ve mütebessim olmakla dini korumak arasındaki çizgiyi aşmamak gerekmektedir. Müslüman içeriden biridir. Davranışlarının dine zarar verip vermediğini gözetmesi gerekir.

Din olduğu gibidir, gevşetilemez. Din Allah'ın dinidir. O dinini gereği kadar kolay kılmış, esnetilebilecek noktalarını da göstermiştir.

Kader Yazıldı
Kalem Kırıldı

9

عَنِ ابْنِ عبَّاسٍ، رَضِيَ اللّٰهُ عَنْهُمَا قَالَ:

كُنْتُ خَلْفَ النَّبِيِّ صَلَّى اللّٰهُ عَلَيْهِ وسَلَّمَ يَوْماً فَقَالَ: يَا غُلَامُ إِنِّي أُعَلِّمُكَ كَلِمَاتٍ: اِحْفَظِ اللّٰهَ يَحْفَظْكَ، اِحْفَظِ اللّٰهَ تَجِدْهُ تُجَاهَكَ، إِذَا سَأَلْتَ فَاسْأَلِ اللّٰهَ، وَإِذَا اسْتَعَنْتَ فَاسْتَعِنْ بِاللّٰهِ، وَاعْلَمْ: أَنَّ الْأُمَّةَ لَوِ اجْتَمَعَتْ عَلَى أَنْ يَنْفَعُوكَ بِشَيْءٍ، لَمْ يَنْفَعُوكَ إِلَّا بِشَيْءٍ قَدْ كَتَبَهُ اللّٰهُ لَكَ، وَإِنِ اجْتَمَعُوا عَلَى أَنْ يَضُرُّوكَ بِشَيْءٍ، لَمْ يَضُرُّوكَ إِلَّا بِشَيْءٍ قَدْ كَتَبَهُ اللّٰهُ عَلَيْكَ، رُفِعَتِ الْأَقْلَامُ، وَجَفَّتِ الصُّحُفُ.

Abdullah İbni Abbas *radıyallahu anh*ümadan nakledildiğine göre şöyle demiştir:

Bir gün Hz. Peygamber *aleyhisselam*ın terkisinde bulunuyordum. Bana:

"Yavrucuğum, sana bazı kaideler öğreteyim." dedi ve şöyle buyurdu:

"Allah'ın buyruklarını gözet ki Allah da seni gözetip korusun.

Allah'ın (rızasını) her işte önde tut, Allah'ı önünde bulursun.

Bir şey isteyeceksen Allah'tan iste. Yardım dileyeceksen, Allah'tan dile!

Ve bil ki, bütün bir ümmet toplanıp sana fayda temin etmeye çalışsalar, ancak Allah'ın senin için takdir ettiği faydayı temin edebilirler. Ve bütün ümmet, sana zarar vermeye kalksalar, ancak Allah'ın senin hakkında takdir ettiği zararı verebilirler. Çünkü artık kaderi yazan kalem yazmaz olmuş, yazıları değişmeyecek şekilde kesinleşmiştir. (Bundan sonra kaderde herhangi bir değişiklik söz konusu değildir.)

Tirmizî, Sıfatülkıyameti, 59 (2516)

Petekten Sızan

Abdullah bin Abbas *radıyallahu anh*uma bu sözlere muhatap olduğunda on beş yaşından küçüktü. Dinlediği sözler ise imanın temelini oluşturan, gerçek mü'min kimliğini sergileyen sözlerdi.

Resûlullah *sallallahu aleyhi ve sellem* onu küçük görmedi. Büyükler için olan sözleri, yarın büyük olacağı için küçük bir çocuğa söyledi.

Çocuk eğitiminde üslup farkı olabilir ama iman ve ibadet konuları büyük küçük ayrımı olmadan anlatılmalıdır. Çocuklar, büyük sayılacakları zamana geldiklerinde kim olduklarına dair bilgileri önceden almış olmalıdırlar.

İmanın temel mantığı ile yetişmekle sonradan o mantığı yakalamaya çalışmak arasında fark vardır. Bu hadisi şerif, kısa cümleler hâlinde, güçlü bir mü'mini hazırlayan esasları şu şekilde özetlemektedir:

- Her zaman Allah ile olmak gerekir. Bugün, dünün devamıdır.

  Dün nerede idin ve ne yapıyordun, imanının hakkını ne kadar verdin, gibi sorular bugün 'Ya Rabbi' derken sana verilecek cevabın zeminidir.

- Allah'tan başkasının önünde küçülme.

- Allah Teâlâ'nın dilemediği şey yoktur. Bütün insanlık senin yanında olsa veya karşında olsa yine son söz Allah'ındır. Sen O'nu gözet, rahat edersin.

- Zafer istiyorsan sabrı unutma. Güleceksen ağlamaya hazır ol. İçinde zorluk olmayan kolaylık yoktur.

Bu nasihatleri, keşke çocuk olsam da bana söylenmiş olsaydı heyecanıyla okuduğumuz gibi, aynı heyecanla çocuklara vermek, üzerimizde bir sorumluluktur.

Zafer istiyorsan sabrı unutma. Güleceksen ağlamaya hazır ol. İçinde zorluk olmayan kolaylık yoktur.

Bu İmtihana Dikkat!

10

عَنْ أَبِي سَعِيدٍ الْخُدْرِيِّ رَضِيَ اللّٰهُ عَنْهُ عَنِ النَّبِيِّ صَلَّى اللّٰهُ عَلَيْهِ وسَلَّمَ قَالَ:

إِنَّ الدُّنْيَا حُلْوَةٌ خَضِرَةٌ، وَإِنَّ اللّٰهَ مُسْتَخْلِفُكُمْ فِيهَا، فَيَنْظُرُ كَيْفَ تَعْمَلُونَ. فَاتَّقُوا الدُّنْيَا وَاتَّقُوا النِّسَاءَ. فَإِنَّ أَوَّلَ فِتْنَةِ بَنِي إِسْرَائِيلَ كَانَتْ فِي النِّسَاءِ.

Ebu Said el-Hudrî *radıyallahu anh*tan rivayet edildiğine göre Nebî *sallallahu aleyhi ve sellem* şöyle buyurdu:

"Dünya tatlı, göz kamaştırıcı ve çekicidir. Allah onu sizin kullanmanıza verecek ve nasıl davranacağınıza bakacaktır. Dünyaya aldanmaktan sakının. Kadınlara kapılmaktan korunun. Çünkü İsrailoğulları'nda ilk fitne kadınlar yüzünden çıkmıştır."

Müslim, Rakaik, 26 (6883)

Petekten Sızan

Müslüman şunu çok iyi bilir: Allah onu imtihan için göndermiştir ve imtihan vasıtaları da gözünün önünde, elinin altında, cebinde veya masasındadır.

Gizli ve tuzak bir imtihan yoktur. Şeytan ve hileleri ortadadır. Şeytanın kullandığı aracıları da ortadadır. Kul, Allah'ın huzurunda mağdur edildiğini iddia edemeyecektir.

Dünya ve kadın bir imtihan vesilesidir. Kadın açısından bakıldığında da dünya ve erkek bir imtihan vesilesidir.

Çünkü erkek kadınla imtihan edildiği kadar, kadın da erkekle imtihan edilmektedir. Kadının hassasiyeti erkeğe göre daha fazla olduğu için kadın özellikle gündemde tutulmuştur.

Kadının imtihan vesilesi olmasını sadece şehvet açısından tahlil edemeyiz. Kadın bir eş olup, erkeğin evini ve beynini doldurduğunda bir imtihandır.

Anne olduğunda, yetiştirip ümmete sunduğu veya ziyan edip şeytana bıraktığı çocuğunda bir imtihandır. Elbette erkek ve kadın aynı cennete ve aynı cehenneme muhataptırlar.

Fakat erkeğin aslı da kadındır. Kadın bir seviyedir. O seviye yükseldikçe erkek de yükselecek, o düştükçe erkek de düşecektir.

Kadının İsrailoğulları'nda nasıl ilk fitne olduğunu bugün Yahudilerin hâkimiyetinden sıyrılamayan basından reklâm dünyasına kadar hemen her yerdeki durumu müşahede eden bu asrın insanı daha iyi anlayabilmektedir.

Bu hadisi şerifteki uyarı sadece erkeğe değildir. Kadına karşı erkek uyarıldığı gibi, kadın kendine karşı da uyarılmış olmaktadır.

Dünyanın çekiciliği; derelerin, ormanların, denizlerin çekiciliğinden ibaret değildir. Ekonomik ve siyasi değeri bulunan, insan için cazip olan her şey bir imtihan unsurudur. Evlat bir imtihandır.

Vaktimiz Çok Değil!

11

عَنْ أَبِي هُرَيْرَةَ رَضِيَ اللّٰهُ عَنْهُ أَنَّ رَسُولَ اللّٰهِ صَلَّى اللّٰهُ عَلَيْهِ وسَلَّمَ قَالَ:

بَادِرُوا بِالْأَعْمَالِ سَبْعاً: هَلْ تَنْتَظِرُونَ إِلَّا فَقْراً مُنْسِياً أَوْ غِنىً مُطْغِياً أَوْ مَرَضاً مُفْسِداً أَوْ هَرَماً مُفْنِداً أَوْ مَوْتاً مُجْهِزاً أَوِ الدَّجَّالَ فَشَرُّ غَائِبٍ يُنْتَظَرُ أَوِ السَّاعَةَ فَالسَّاعَةُ أَدْهَى وَأَمَرُّ.

Ebu Hureyre *radıyallahu anh*tan rivayet edildiğine göre Resûlullah *sallallahu aleyhi ve sellem* şöyle buyurdu:

"Yedi (engelleyici) şey (gelme)den önce iyi işler yapmakta acele ediniz. Yoksa gerçekten siz, unutturan fakirlik, azdıran zenginlik, (her şeyi) bozup perişan eden hastalık, saçma sapan konuşturan ihtiyarlık, ansızın geliveren ölüm, gelmesi beklenen şeylerin en şerlisi Deccâl, belâsı en müthiş ve en acı olan kıyametten başka bir şey mi beklediğinizi sanıyorsunuz?"

Tirmizî, Zühd, 1 (2306)

Petekten Sızan

Peygamber *aleyhisselam*ın görevi ikaz etmek, tehlikeyi gösterip tedbir aldırmaktır. Ona iman eden de ikazdan kendisine hisse çıkarmak ve gereğini yapmak durumundadır.

Peygamber *aleyhisselam*ın hadisleri ve nasihatleri bir büyüğün güzel sözleri gibi telakki edilemez.

Uyarıları rahmettir. Nasihatleri kesin çaredir. Onu dinlemek ve itaat etmek kurtuluştur.

Bu mübarek hadisi şerifte Peygamber *aleyhisselam*, insanı bekleyen yedi tehlikeden söz etmiştir.

Her insan önündeki bu tehlikelere karşı uyanık bulunmak zorundadır:

Fakirlik, zenginlik, hastalık, ihtiyarlık, ölüm, deccal ve kıyamet!

Yedi tehlikenin her insanı beklediğini, biri veya birkaçının içine düşebileceğini bilmek birinci noktadır.

İkinci nokta ise, bu tehlikeleri nimete dönüştürmektir. Fakirlik ayak kaydırabileceği gibi sabırla nimete de dönüşebilir.

Zenginlik şımartabileceği gibi şükür yoluyla nimete de dönüşebilir.

Hastalık her şeyi alt üst edebileceği gibi sabır ve sebatla nimete de dönüşebilir.

Zenginlik şımartabileceği gibi şükür yoluyla nimete de dönüşebilir.

Çare: İstiğfar !

12

عَنْ شَدَّادِ بْنِ أَوْسٍ رَضِيَ اللّٰهُ عَنْهُ عَنِ النَّبِيِّ صَلَّى اللّٰهُ عَلَيْهِ وَسَلَّمَ: سَيِّدُ الْاِسْتِغْفَارِ أَنْ تَقُولَ:

اَللّٰهُمَّ أَنْتَ رَبِّي لَا إِلٰهَ إِلَّا أَنْتَ خَلَقْتَنِي وَأَنَا عَبْدُكَ وَأَنَا عَلَى عَهْدِكَ وَوَعْدِكَ مَا اسْتَطَعْتُ أَعُوذُ بِكَ مِنْ شَرِّ مَا صَنَعْتُ أَبُوءُ لَكَ بِنِعْمَتِكَ عَلَيَّ وَأَبُوءُ لَكَ بِذَنْبِي فَاغْفِرْ لِي فَإِنَّهُ لَا يَغْفِرُ الذُّنُوبَ إِلَّا أَنْتَ

قَالَ: وَمَنْ قَالَهَا مِنَ النَّهَارِ مُوقِنًا بِهَا فَمَاتَ مِنْ يَوْمِهِ قَبْلَ أَنْ يُمْسِيَ فَهُوَ مِنْ أَهْلِ الْجَنَّةِ وَمَنْ قَالَهَا مِنَ اللَّيْلِ وَهُوَ مُوقِنٌ بِهَا فَمَاتَ قَبْلَ أَنْ يُصْبِحَ فَهُوَ مِنْ أَهْلِ الْجَنَّةِ.

Şeddad bin Evs *radıyallahu anhın* rivayet ettiğine göre Resûlullah *sallallahu aleyhi ve sellem* buyurdular ki:

Seyyidülistiğfar şöyle demendir:

Allahım!

Sen Rabbimsin. Senden başka hiçbir ilah yoktur. Sen beni yarattın. Ben senin kulunum. Ben gücüm yet-

tikçe, senin sözün ve vaadin üzerineyim. Yaptığımın kötülüğünden sana sığınırım. Üzerimdeki nimetini itiraf ediyorum. Günahımı itiraf ediyorum. Beni bağışla. Senden başka günahları bağışlayan yoktur.

Kim bunu iyice inanarak gün başında söyler de o gün, akşama kavuşmadan vefat ederse, o cennet ehlindendir. Kim bunu iyice inanarak gece söyler de sabahlamadan vefat ederse, o cennet ehlindendir.

Buharî, Daavat, 2 (6306)
Ebu Davud, Edeb, 110 (5070)
Nesaî, İstiğfar, 57 (5537)
Tirmizî, Daavat, 15 (3393)
İbni Mace, Dua, 14 (3872)
Tuhfetüleşraf, 4815

Petekten Sızan

İstiğfar ibadettir:

Allah Teâlâ, kullarına namaz kılmayı emrettiği gibi istiğfarı da emretmiştir. İstiğfarın, ibadetlerden bir ibadet olarak görülmesi ve ihmaline karşı gerekenlerin yapılması bir kulluk gereğidir.

İstiğfar, günahlardan kurtarırken, ibadetlerden bir ibadet olduğu için hasenat defterimizin dolmasına da vesile olmaktadır.

İstiğfar, günahlardan kurtuluş yoludur:

Günahlardan tamamen arındığımız bir hayat düşünemeyeceğimize göre, günahlardan nasıl kurtulacağımıza dair bize bildirilen yolları kullanmamız şarttır. İstiğfar, günahlardan kurtulmak ve cennete giden yolda mesafe kat etmektir.

Günah yükünden kurtulmadan iyi bir mü'min olarak ölmek de zorlaşmaktadır. Mü'mini günahlarından arındırıp üstün makamlara yükselten vesilelerden biri olan istiğfarın en değerlisi de Resûlullah sallallahu aleyhi ve sellemin '*seyyidülistiğfar*' olarak adlandırdığı istiğfar cümleleridir.

Hadisi şeriften çok açık bir şekilde anlaşılmaktadır ki, bu istiğfar cümlesini en az sabah ve akşam tekrar etmeyi itiyat haline getirmek şarttır. Özellikle 'şuurlu bir şekilde tekrar etme' tarzındaki vurgulamaya da dikkat edilmelidir.

Hayatın lezzetini tatmaktır:

Günahlar sadece kalbi karartmakla kalmıyor. Yaşanan hayatın çekilmez olmasının, evlerin huzursuzluğunun, aile geçimsizliklerinin de temelinde Allah Teâlâ'ya karşı işlenmiş bulunan günahlar yatmaktadır.

İstiğfar, günahlardan arındırdığına göre, huzursuzluk kaynaklarını da kurutmaktadır. Ahenkli bir aile ortamı için ve nimetlerden lezzet almak için istiğfara süreklilik kazandırmak gerekmektedir:

"Rabbinize istiğfar edin, sonra da O'na tevbe edin ki sizi belirlenmiş bir süreye (ömrünüzün sonuna) kadar güzel bir şekilde yararlandırsın ve her fazilet sahibine faziletinin karşılığını versin. Eğer yüz çevirirseniz, ben sizin adınıza büyük bir günün azabından korkuyorum." (Hûd, 3)

Yağmur bile istiğfarın bereketlerindendir:

İnsan hayatı için en elzem ihtiyaçlardan olan yağmurun inmesinin ayetle sabit şartlarından biri istiğfardır:

"Sonra, onlarla hem açıktan açığa hem de gizli gizli konuştum. Dedim ki: 'Rabbinize istiğfar edin; çünkü o çok bağışlayıcıdır. Üzerinize gökten bol bol yağmur indirsin. Sizi mallarla, oğullarla desteklesin ve sizin için bahçeler var etsin, sizin için ırmaklar var etsin." (Nûh, 9-12)

"Ey kavmim! Rabbinize istiğfar edin, sonra ona tevbe edin ki, üzerinize bol bol yağmur gön-

dersin ve gücünüze güç katsın. Günahkârlar olarak yüz çevirmeyin." (Hûd, 52)

Duaların kabulüne sebeptir:

Allah'tan istekte bulunurken, halimizi arz ederken, günahlardan arınmışlığımızın, yaptığımız duaların kabulüne etkisi önemlidir:

"Semûd kavmine de kardeşleri Salih'i peygamber gönderdik. Dedi ki: "Ey kavmim! Allah'a kulluk edin. Sizin ondan başka hiçbir ilahınız yoktur. O sizi yeryüzünden (topraktan) yarattı ve sizi oranın imarında görevli (ve buna donanımlı) kıldı.

Öyle ise ona istiğfar edin; sonra da ona tevbe edin. Şüphesiz Rabbim yakındır ve dualara cevap verendir." (Hûd, 61)

Allah'a davet edenlerin, İslam'a hizmet edenlerin gücü kaynağıdır:

İslam'a hizmetin getireceği zorluklara karşı Allah'tan yardım görmenin en önemli sebeplerinden biri, kulun istiğfar etmesidir. İstiğfar en az sabır kadar önemlidir:

"Sabret. Allah'ın vaadi şüphesiz gerçektir. İstiğfar et. Akşam sabah Rabbini hamd ederek tesbih et." (Mümin, 55)

Musibetlere karşı güvencedir:

İstiğfar sayesinde Allah Teâlâ, kullarına dünya azabı indirmemektedir.

"Allah bana ümmetim için iki güvence verdi: 'Sen onların içinde iken Allah onlara azap edecek değildi. İstiğfar ettikçe de Allah onlara azap edecek değildir.' (Enfal, 33)

Ben gittikten sonra da, kıyamete kadar istiğfarı ümmetime güvence olarak bıraktım." (Tirmizi, Tefsir, 8/3008)

Huzur kaynağıdır:

Resûlullah *sallallahu aleyhi ve sellem* bile, huzur için istiğfara devam ettiğini haber vermiştir:

"Bazen kalbime gaflet çöküyor. Ben günde yüz defa Allah'a istiğfar ediyorum." (Müslim, Daavat, 12)

Güzel ahlâkın kaynağıdır:

Huzeyfe *radıyallahu anh* diyor ki: 'Dilimde bir miktar kabalık vardı. Ailemden başkasına da zararım yoktu. Durumu Resûlullah *sallallahu aleyhi ve selleme* ilettim. Bana şöyle buyurdu:

"Huzeyfe! Nerede senin istiğfarın? Ben, günde yüz defa istiğfar ediyorum." (Ahmed, 23729; el-Feth, 10165)

İstiğfar, günahlardan kurtarırken, ibadetlerden bir ibadet olduğu için hasenat defterimizin dolmasına da vesile olmaktadır

Fırsatların Tekrarı Yoktur

13

عَنْ أَبِي صَفْوَانَ عَبْدِ اللّٰهِ بْنِ بُسْرٍ الْأَسْلَمِيِّ رَضِيَ اللّٰهُ عَنْهُ

قَالَ: قَالَ رَسُولُ اللّٰهِ صَلَّى اللّٰهُ عَلَيْهِ وسَلَّمَ:

خَيْرُ النَّاسِ مَنْ طَالَ عُمْرُهُ وَحَسُنَ عَمَلُهُ.

Ebu Safvân Abdullah İbni Büsr el-Eslemî *radıyallahu anh*tan rivayet edildiğine göre Resûlullah *sallallahu aleyhi ve sellem* şöyle buyurdu:

"İnsanların en kârlısı, ömrü uzun, ameli güzel olandır."

Tirmizî, Zühd, 22 (2329)

Petekten Sızan

Ölüp kurtulmak yerine, kalıp hayırlı amel yapmak daha güzeldir. Zaman çok kötü ise yapılacak amellerin değeri de ona göre fazladır.

Ölüp kurtulmak bedavacılıktır. Yaşayıp, yaşadığın vaktin kadrini bilmek, Allah'a yaklaşmak isteyen kulların arzusudur.

Bir kere daha fazla 'sübhanellah' diyebilmek için bile on yıl kalmaya değer.

Elbette biz istesek de istemesek de ecelimiz gelince bu âlemden ayrılacağız. Kalmak veya kalmamak seçeneğimiz yoktur.

Hadisi şerif, kalmak için gayret etmeye yönlendirmiyor. Çünkü böyle bir gayret zaten makul değildir.

Allah için yapılan işleri belli bir yaş sınırına tabi tutmanın yersiz olduğu açıkça anlaşılmaktadır.

İyi kulluk için, salih amel için bir gün daha uzun yaşamak, iyi bir fırsat daha yakalamaktır.

Her yeni gün yeni bir fırsat olduğuna göre on yıl daha uzun yaşamak, binlerce fırsatla buluşmaktır.

Salih amel sahibi olmadıktan sonra ise uzun veya kısa yaşamanın bir değeri olmaz. Ak saçlı olmak değil, saçları Allah yolunda ağartmak ne güzel bir sonuçtur.

Bir kere tavaf etme, bir kere Kur'an hatmetme, bir tek sadaka verme, bir rekât fazla namaz kılma, bir hasta ziyaret etme uğruna yıllarca beklemeye değer.

Yeter ki Allah için olsun.

Bir kere daha fazla 'sübhanel-lah' diyebilmek için bile on yıl kalmaya değer.

Niyet Yatırımdır

14

عَنْ عَبْدِ اللّٰهِ بْنِ عَبَّاسٍ رَضِيَ اللّٰهُ عَنْهُمَا، عَنْ رَسُولِ اللّٰهِ صَلَّى اللّٰهُ عَلَيْهِ وسَلَّمَ، فِيمَا يَرْوِى عَنْ رَبِّهِ تَبَارَكَ وَتَعَالَى قَالَ:

إِنَّ اللّٰهَ كَتَبَ الْحَسَنَاتِ وَالسَّيِّئَاتِ ثُمَّ بَيَّنَ ذٰلِكَ: فَمَنْ هَمَّ بِحَسَنَةٍ فَلَمْ يَعْمَلْهَا كَتَبَهَا اللّٰهُ لَهُ عِنْدَهُ حَسَنَةً كَامِلَةً فَإِنْ هَمَّ بِهَا فَعَمِلَهَا كَتَبَهَا اللّٰهُ لَهُ عِنْدَهُ عَشْرَ حَسَنَاتٍ إِلَى سَبْعِمَائِةِ ضِعْفٍ إِلَى أَضْعَافٍ كَثِيرَةٍ، وَإِنْ هَمَّ بِسَيِّئَةٍ فَلَمْ يَعْمَلْهَا كَتَبَهَا اللّٰهُ عِنْدَهُ حَسَنَةً كَامِلَةً، وَإِنْ هَمَّ بِهَا فَعَمِلَهَا كَتَبَهَا اللّٰهُ سَيِّئَةً وَاحِدَةً.

Abdullah İbni Abbâs *radıyallahu anh*ümâdan nakledildiğine göre, Resûlullah *sallallahu aleyhi ve sellem* Allah Teâlâ'dan rivayet ettiği bir hadiste şöyle buyurdu:

"Allah Teâlâ iyilik ve kötülükleri takdir edip yazdıktan sonra bunların iyi ve kötü oluşunu şöyle açıkladı:

Kim bir iyilik yapmak ister de yapamazsa, Allah bunu yapılmış mükemmel bir iyilik olarak kaydeder.

Şayet bir kimse iyilik yapmak ister sonra da onu

yaparsa, Allah o iyiliği on katından başlayıp yedi yüz katıyla, hatta kat kat fazlasıyla yazar.

Kim bir kötülük yapmak ister de vazgeçerse, Allah bunu mükemmel bir iyilik olarak kaydeder.

Şayet insan bir kötülük yapmak ister sonra da onu yaparsa, Allah o kötülüğü sadece bir günah olarak yazar."

Buharî, Rakaik, 31 (6491);
Müslim, İman, 59 (336)

Petekten Sızan

- İyilik yapmayı istemek bile bir sevap sebebidir. Allah'ın razı olacağı ve sadece O'nun için yapılacak bir iş, yapıldığında sevap sebebi olduğu gibi, bir engelden dolayı yapılamasa bile mü'minin defterine sevap olarak yazılır.

  Yapmaya azimli iken yapamamak bile bir sevap! İşte rahmet!

- Yapılması istendikten sonra yapılan iyilik ise daha başka. O yapıldıktan sonra 'bir sevap' olarak yazılmıyor.

  Yaparkenki niyete ve ihlâsa bağlı olarak on katından başlayıp yedi yüz katına kadar, hatta daha da fazla artırarak yazar. Bir yapıp yedi yüz, hatta binlerce kazanmak da var.

  Bu rakamı belirleyen şey ise kulun samimiyetidir. Ne kadar Allah rızasını kastettiği önemlidir. O işi ne kadar sünnete uygun yaptığı önemlidir.

- Kötülüğe azmedip sonra da yapmaktan vazgeçmek bile bir sevaptır. Yeter ki bu vazgeçme, Allah korkusundan ötürü olsun. Bu da bir başka rahmet!

- Günah olan bir işi yapana ise sadece o günah yazılır. Sevaplarda olduğu gibi on katı ve daha fazlası yazılmaz. Bu da bir rahmet!

  İşin aslı şu ki:

  Allah bize çok merhametli muamele ediyor. Bize bizden çok acıyor. Rahmeti azabını çok geçmiştir.

Tevbe Son Fırsattır !

15

عَنْ أَبِي هُرَيْرَةَ رَضِيَ اللّٰهُ عَنْهُ قَالَ: قَالَ رَسُولُ اللّٰهِ صَلَّى اللّٰهُ عَلَيْهِ وسَلَّمَ:

مَنْ تَابَ قَبْلَ أَنْ تَطْلُعَ الشَّمْسُ مِنْ مَغْرِبِهَا تَابَ اللّٰهُ عَلَيْهِ.

Ebu Hureyre *radıyallahu anh*tan rivayet edildiğine göre Resûlullah *sallallahu aleyhi ve sellem* şöyle buyurdu:

"Güneş batıdan doğmadan önce kim tövbe ederse, Allah onun tövbesini kabul eder."

Müslim, Daavat, 12 (6801)

Petekten Sızan

Allah Teâlâ'ya karşı işlenmiş günahlardan tevbe etmek, kulun önündeki en büyük fırsattır. Bu fırsat insanın kendi penceresinden bakıldığında ölüm anı gelmeden önceki son ana kadardır.

Genel olarak bakıldığında da güneşin batıdan doğma anına kadardır. Yani kıyamet vaktine kadar tevbe vardır.

Burada basiretli bir mü'min şunu anlar:

Fırsatın bu kadar uzun zamana yayılmış olması, kulun onu istediği an kullanabileceğini göstermez. Bu kadar geniş bir zamana yayılmış tevbe fırsatı, şeytan için iyi bir tuzağa da dönüşebilir.

Tevbe için 'hemen' mantığına sahip olamamak, sonrasını da kaçırmaya aday olmak olabilir. Böyle bir durumda da kul, önüne konmuş fırsata aldanarak ayağını kaydırmış olur.

Bu kadar geniş bir zamana yayılmış tevbe fırsatı, şeytan için iyi bir tuzağa da dönüşebilir.

İman Bir Başkadır

16

عَنْ صُهَيْبِ بْنِ سِنَانٍ رَضِيَ اللّٰهُ عَنْهُ قَالَ: قَالَ رَسُولُ اللّٰهِ صَلَّى اللّٰهُ عَلَيْهِ وسَلَّمَ:

عَجَباً لِأَمْرِ الْمُؤْمِنِ إِنَّ أَمْرَهُ كُلَّهُ لَهُ خَيْرٌ، وَلَيْسَ ذٰلِكَ لِأَحَدٍ إِلَّا لِلْمُؤْمِنِ: إِنْ أَصَابَتْهُ سَرَّاءُ شَكَرَ فَكَانَ خَيْراً لَهُ، وَإِنْ أَصَابَتْهُ ضَرَّاءُ صَبَرَ فَكَانَ خَيْراً لَهُ.

Suheyb İbni Sinân *radıyallahu anh*tan rivayet edildiğine göre Resûlullah *sallallahu aleyhi ve sellem* şöyle buyurdu:

"Mü'minin durumu imrenilecek bir durumdur. Çünkü her hâli kendisi için bir hayır sebebidir.

Böylesi bir özellik sadece mü'minde vardır:

Sevinecek olsa şükreder; bu onun için hayır olur. Başına bir belâ gelecek olsa sabreder; bu da onun için hayır olur."

Müslim, Zühd, 13 (7425)

Petekten Sızan

Şükür ve sabır bizim iki ecir kaynağımızdır. Zaten mü'min bir insanın bütün işleri şu halden birini aşmaz:

- Bir iş yapmış ve işte muvaffak olmuşsa ona şükreder; şükrü ile Allah'ın rızasını kazanmış olur.
- Başına bir musibet gelmişse ona sabreder; sabrı ile Allah'ın rızasını kazanmış olur.
- Kul olarak bir hata işledi ise istiğfar eder; istiğfar eden kuluna Allah mağfiret ettiği için yine kazanmış olur.

Mü'min, kulluk edeplerini biliyor, kebair günahları inatla işlemeyi sürdürmüyorsa Allah'ın izni ile önü açıktır.

Mü'min umut doludur. Mü'min zarar etmez. Dünyada çektikleri, onun kazancı olarak kendisine döner.

Hayat: Şükür, sabır ve istiğfardır.

Hayat: Şükür, sabır ve istiğfardır

Allah'tan Kork ve Sabret

17

عَنْ أَنَسٍ رَضِيَ اللّٰهُ عَنْهُ قَالَ:

مَرَّ النَّبِيُّ صَلَّى اللّٰهُ عَلَيْهِ وَسَلَّمَ بِامْرَأَةٍ تَبْكِي عِنْدَ قَبْرٍ فَقَالَ اتَّقِى اللّٰهَ وَاصْبِرِي فَقَالَتْ إِلَيْكَ عَنِّي، فَإِنَّكَ لَمْ تُصَبْ بِمُصِيبَتِى، وَلَمْ تَعْرِفْهُ، فَقِيلَ لَهَا: إِنَّهُ النَّبِيُّ صَلَّى اللّٰهُ عَلَيْهِ وَسَلَّمَ، فَأَتَتْ بَابَ النَّبِيِّ صَلَّى اللّٰهُ عَلَيْهِ وَسَلَّمَ، فَلَمْ تَجِدْ عِنْدَهُ بَوَّابِينَ، فَقَالَتْ: لَمْ أَعْرِفْكَ، فَقَالَ: **إِنَّمَا الصَّبْرُ عِنْدَ الصَّدْمَةِ الْأُولَى.**

Enes İbni Mâlik *radıyallahu anh*tan rivayet etmiştir:

Nebî *sallallahu aleyhi ve sellem*, (çocuğunun) mezarı başında ağlayan bir kadının yanından geçti. Ona:

- **"Allah'tan kork ve sabret!"** buyurdu. Kadın:

- Çek git başımdan; benim başıma gelen felâket, senin başına gelmemiştir, dedi.

Kadın, Peygamber *aleyhisselamı* tanıyamamıştı. Kendisine, onun Peygamber *sallallahu aleyhi ve sellem* olduğunu söylediler. Bunu duyar duymaz Peygamber *sallallahu aleyhi ve sellemin* kapısına koştu, orada kapıcılar yoktu.

- Sizi tanıyamadım, dedi. Peygamber *sallallahu aleyhi ve sellem* de:

- **"Sabır dediğin, felâketle karşılaştığın ilk andadır."** buyurdu.

Buharî, Cenaiz, 31(1283)

Petekten Sızan

İş işten geçtikten sonra sabrın da değeri kalmayabilir. Her şey zamanında değerlidir. Bir annenin en büyük acılarından biri, yavrusunu kabre koymaktır.

Annenin o an kendini zabtetmesi elbette kolay değildir. Ama iman ehli olmak orada işe yaramalıdır. Mü'minin farkı o anda ortaya çıkmalıdır.

Bu hadisi şerifteki örnek, bir annenin kaybettiği çocuğu üzerinden verilmiştir.

Herhangi bir haramla yüz yüze geldiğinde veya Allah'ın razı olmayacağı bir sözü, davranışı sergilemek durumunda iken de mü'minin bu hadisi hatırlaması gerekmektedir.

"Sabır dediğin, felâketle karşılaştığın ilk andadır."

Haram Yakar!

18

عَنْ أَبِى هُرَيْرَةَ رَضِيَ اللّٰهُ عَنْهُ: قَالَ رَسُولُ اللّٰهِ صَلَّى اللّٰهُ عَلَيْهِ وَسَلَّمَ:

اِتَّقِ الْمَحَارِمَ تَكُنْ أَعْبَدَ النَّاسِ.

Ebu Hureyre *radıyallahu anh* rivayet ediyor: Resûlullah *sallallahu aleyhi ve sellem* şöyle buyurdular:

"**Haramlardan kaçın; insanların en iyi ibadet edeni olursun**."

Tirmizî, Zühd, 2 (2305)

Petekten Sızan

- Allah'ın kulundan istekleri iki bölümden oluşur. Birinci bölüm, kulun yapmamasını istediği şeylerdir ki bunlara 'Haramlar' denmektedir. İkinci bölüm ise yapmasını istediği işlerdir.

  Bunlara da umumen 'Farzlar' adı verilir. İyi bir Müslümanlık için ölçü, haramlardan kaçınmak, farzları yapmaktır. Farzları ne kadar eda ettiğimiz gibi, haramlara karşı ne kadar titiz olduğumuz da önemlidir.

- Haramlar kulun karşısına aleni olarak çıkabileceği gibi kılıflanmış, şekil değiştirmiş olarak da çıkabilir. Bu nedenle haram gibi harama götüren şeylerden de uzak durmak, iyi bir Müslümanlık için gereklidir.

- Haramın hacmi arttıkça vebali de artar şüphesiz. Ancak haramın büyüğü de küçüğü de Allah'a karşı işlenmiş birer suçtur. Allah'a karşı işlenmiş bir suç olduktan sonra iyi bir mü'min, haramları küçük-büyük veya bir defa-sürekli gibi bir ayrıma tabi tutmaz.

- Haramları yapmak kadar harama karşı sessiz kalmak da vebaldir. Mü'min, kendisi için uygun görmediğini diğer mü'minler ve yaşadığı toplum için de uygun görmemek durumundadır.

- Haramlarla içli dışlı olmanın bir başka sonucu da salihlerle, müttakilerle beraberlikten haz alamamaktır. Haramlar, haram mürtekipleriyle beraber olmaya şöyle veya böyle sevk ederler.

Haramlara bulaşmış bir bedenle -tevbe edilmedikçe- güzel ibadetler yapmak ve ibadetlerden zevk almak, suyu yokuşa doğru akıtmaktır.

- Haramlar bir yandan kara dosyalar açtırırken bir yandan da hasenatın azalmasına, olanın da zevksiz ve zoraki yapılmasına neden olmaktadır.

Sabah namazı gibi muazzam bir ibadete soğuk kalmanın, Mekke gibi bir beldeye vâsıl olup Haremi Şerif dışında şurada burada vakit zayi etmenin temelinde bünyeyi haramlardan arındırmamış olmak yatar.

- Yüzde yüz haramlardan arınamamış, kimi durumlarda bir veya birkaç harama bulaşmış olabiliriz. Ama tevbe kapısı bütün mü'minler için son ana kadar açıktır.

Bu açık kapıyı hemen kullanabilmeliyiz. Tevbe mümkünken haramı bekletmek de başka bir haramdır.

- *Kendimiz ve yaşadığımız toplum üzerinde*;

a. **Haramların mahiyetinden bilgimiz,**

b. **Haramların işlenme oranı,**

c. **Haramların kılıflanıp şekillenmesi,**

d. **Haramlara karşı duruşumuz, 'nehyi anilmünker' ciddiyetimiz,**

e. **İbadetlerden, infaktan, mütebessim olmaktan haz alıp almadığımız,**

f. **Kimlerle oturup kalktığımız ve**

g. **Haramlarımızın tevbesi hakkında bir test yapabiliriz.**

Zahmetsiz Rahmet

19

عَنْ أَنَسِ بْنِ مَالِكٍ رَضِيَ اللّٰهُ عَنْهُ قَالَ سَمِعْتُ رَسُولَ اللّٰهِ صَلَّى اللّٰهُ عَلَيْهِ وَسَلَّمَ يَقُولُ:

مَنْ سَرَّهُ أَنْ يُبْسَطَ لَهُ فِي رِزْقِهِ أَوْ يُنْسَأَ لَهُ فِي أَثَرِهِ فَلْيَصِلْ رَحِمَهُ.

Enes bin Malik *radıyallahu anh,* Resûlullah *sallallahu aleyhi ve sellem*in şöyle buyurduğunu işittiğini söylemiştir:

'Kim rızkının artmasını ve ecelinin uzamasını istiyorsa, sılayı rahim yapsın.'

Buharî, Edeb, 12 (5985)

Petekten Sızan

- İslam, insanlık için indirilmiş bir dindir. İnsanlığın korunması, İslam'ın yüceltilmesi anlamına gelmektedir. İnsanlık değer kaybettikçe İslam bir tür kenarda kalacaktır.

  İnsanların birbirleriyle akrabalık bağlarını korumaları anlamına gelen sılayı rahim, insanlığın korunması için en önemli yollardan biridir.

  Bunun için dinimiz sılayı rahimi, Allah'ın rızasına veya gazabına neden olan amellerden görmüştür. Sılayı rahim, namaz ve oruç gibi ibadetlerdendir.

  Namazın şartlarından farklı şartlarda eda edilmesi onu sıradanlaştırmaz.

- Sılayı rahim, insanın en yakın akrabadan en uzağa doğru akrabalık ilişkilerini canlı tutması anlamında kullanılmaktadır. Buna göre akrabalık bağı yaklaştıkça sılayı rahim de önemini artırmaktadır.

  Mesela bir amca çocuğu amcaya göre daha uzaktır. Sorumluluğu da azalmaktadır.

  Böyle bir değerlendirmeyle hangi akrabaya ne kadar alaka gösterileceği tespit edilebilir.

  Dinimizin sılayı rahimi özellikle öne çıkarması, şeytanın da onun önüne engeller çıkaracağını bize gösterir.

Bütün ibadetler için geçerli olan bu ilke, sılayı rahim için de geçerlidir.

Sılayı rahim, akrabayı ziyaret değildir. Akrabanın yanında olmak, onları akraba olmayanlara muhtaç etmemektir.

Bu, ziyaretle gerçekleşiyorsa ziyaret, selamlaşma ile gerçekleşiyorsa selamlaşmadır.

Önemli olan sılayı rahimi akrabalık uğruna takatimizle sınırlı olmak kaydıyla yapabilmektir.

Rahmet için Önce Namaz !

20

عَنْ أَبِى ذَرٍّ رَضِيَ اللّٰهُ عَنْهُ: قَالَ لِي رَسُولُ اللّٰهِ صَلَّى اللّٰهُ عَلَيْهِ وَسَلَّمَ:

صَلِّ الصَّلَاةَ لِوَقْتِهَا.

Ebu Zer *radıyallahu anh,* Resûlullah *sallallahu aleyhi ve sellem*in kendisine şöyle buyurduğunu rivayet etmiştir:

"Namazı vaktinde kıl!"

Müslim, Mesacid, 42 (1468)

Petekten Sızan

- Namazın dinin direği olduğunu hatta namazı terk etmenin küfre doğru kayış olduğunu hemen herkes bilir.

  Namazın farz olduğunu bilmek yeterli değildir. Namazın hakkını veren bir mü'min olmak gerekir.

- Namazın toptan terk edilmesinden önce, toptan terk etmeye götüren bir hastalık olarak vaktinin ertelenmesini dikkate almak gerekmektedir.

  Önce tadili erkânı ile oynanarak sonra da son vaktine sıkıştırarak kılınan namaz, hakkı verilmiş bir namaz değildir.

- İyi bir Müslüman olarak ölüp Allah'ın huzuruna varmayı gönülden istiyorsak, namaz üzerindeki her artı veya eksi, din üzerindeki artı veya eksi gibi algılanmalıdır.

  Namazın vaktiyle oynanmasını, ertelenmesinde bir sakınca görülmemesini, terk etmenin başlangıcı olarak görmek ve buna esef etmek mühim bir göstergedir.

  Namazda huşu eksikliği, tadili erkâna riayetsizlik, cemaatsiz kılmak ve vaktini ezmek şeklinde yapılan hırsızlıklar, neticede en mühim ibadet olan namazın bir kenara itilmişliği gibi bir hâle razı olmamız anlamına gelir.

  Hâlbuki namaz dindir.

- *Namazımız üzerinden;*

a. **Onu 'din' olarak görüp görmediğimizi,**

b. **Fıkhına vakıf olup olmadığımızı,**

c. **Adabına riayet edip etmediğimizi,**

d. **Namazın bir cemaat ibadeti olduğuna önem verip vermediğimizi,**

e. **Ezan sesinin bizi çağırdığını anlayıp anlamadığımızı,**

f. **Namazın bir din simgesi olarak yayılmasına, namazlı topluma doğru hızlı bir yol alınmasına katkımızın ne denli olduğunu,**

g. **Kendimizin, eğitiminden ve yaşantısından mesul olduklarımızın namazı ihmal veya geciktirmelerine karşı neler yapabildiğimizi,**

h. **Bir iş kurarken, seyahate çıkarken, randevulaşırken namaz eksenli davranıp davranamadığımızı,**

i. **'Önce Namaz!' ciddiyetine sahip olup olmadığımızı test edebiliriz.**

Selam Ümmetiyiz

21

عَنْ أَبِى هُرَيْرَةَ رَضِيَ اللّٰهُ عَنْهُ: قَالَ رَسُولُ اللّٰهِ صَلَّى اللّٰهُ عَلَيْهِ وَسَلَّمَ:

اَفْشُوا السَّلَامَ بَيْنَكُمْ.

Ebu Hureyre *radıyallahu anh* rivayet ediyor: Resûlullah *sallallahu aleyhi ve sellem* şöyle buyurdular:

"**Selamı aranızda yayın!**"

Müslim, İman, 22 (192)

Petekten Sızan

- Selam Kur'an kökenlidir. Peygamber talimatıdır. Cennette kulaklara gelecek ilk sözdür. İslam'ın simgesidir. Kullanılmasında sevap vardır. İhmali sünnete aykırılıktır. Selam bir duadır.

- Müslümanların kendi aralarında dinlerine ait simgeleri yerleştirip yaymaları kadar tabii bir görev olamaz.

  Nerede kaldı ki yaşadığımız çağ, herkesin kendi kültürünü abarttığı bir çağdır.

  Kimse çöllerden veya dağlardan şehre taşıdığı anlamlı veya anlamsız bir kültürü yaşamaktan ar etmemektedir.

  Bilhassa övünmektedirler de. Müslümanların da cennet asıllı ve nebevi öğütlü bir selamlaşmayı yaşatmaları, yaşatmanın ötesinde ondan bereket ummaları en tabii haklarından, görevlerindendir.

- Selamı kullanmak ve yayılması için uğraşmak bir ibadettir. Allah'a ve peygamberine itaattir. Yeri gelir cihat olur.

- Sünnet'e uygun selam şu şekildedir:

  Selam verecek olan اَلسَّلَامُ عَلَيْكُمْ der.

  Cevap verecek olan ise

  وَعَلَيْكُمُ السَّلَامُ der.

- *Selam üzerinde;*

  a- Sünnet bilgimizi,

  b- Sünnet'e uyma titizliğimizi,

  c- Sünnet'i başkalarına yayma, çocuklara öğretme hassasiyetimizi,

  d- Yabancı kültürlerden etkilenme durumumuzu test edebiliriz.

Kalite İbadette de Aranır !

22

عَنْ زَيْدِ بْنِ أَرْقَمَ رَضِيَ اللّٰهُ عَنْهُ: قَالَ رَسُولُ اللّٰهِ صَلَّى اللّٰهُ عَلَيْهِ وَسَلَّمَ:

أُعْبُدِ اللّٰهَ كَأَنَّكَ تَرَاهُ فإنَّهُ يَرَاكَ

Zeyd bin Erkam *radıyallahu anh,* Resûlullah *sallallahu aleyhi ve sellem*den şöyle buyurduğunu rivayet etmiştir:

"Allah'a O'nu görüyormuşsun gibi ibadet et. Zira O seni görüyor."

Ahmed, 6156

Petekten Sızan

- Namazdan Kur'an tilavetine kadar 'ibadet' adı ile ne yapılıyorsa, kul o yaptığını 'Allah görüyor' şuuru ile yapmalıdır.

  Kulun acziyeti, faniliği ve ibadete vaat edilen ecrin azameti bunu gerektirir. Memur mantıklı ibadet ibadet sayılmaz.

- İbadeti günlük mutat işler dizisi gibi görmek ibadete yanlış bir gözle bakmaktır. İbadet kulluktur, hayattır, imtihandır...

  İbadet gece ve gündüzdür. Yemedir, içmedir. Fatiha suresinin idrak edilip hakkının verilmesinin adı ibadettir. İbadet cihattır.

- 'Allah görüyor' şuurunu, haramlardan bir haramın önümüzde fırsat gibi durduğu bir ortamda kaybetmemek ibadettir.

  Bazı durumlarda böyle bir pozisyon pek çok nafileden daha makbul bir ibadete dönüşür.

- 'Allah görüyor' ciddiyetinin bir uzantısı da meleklerle beraber olma inancımızdır. Sağımızda ve solumuzda sürekli bizimle bulunan meleklere iman ediyoruz.

  Onların yaptığımız iyi ve kötü işleri yazdıklarına, yazdıklarının bir gün önümüze konacağına iman ediyoruz.

  Zamanın uzaması veya -maazallah- iman zayıflığı nedeniyle bu imanımızın pratiğe yansımasında bir gevşeme olsa bile hakikat budur.

- *Bu doğrultuda ibadet tarzımızı;*

a. **Niyetimizin sahihliği,**

b. **Edamızın şeriata uygunluğu, ibadetimize bidat bulaşmasına karşı hassasiyetimizi,**

c. **İbadet ortamlarının temiz ve ibadete uygun halde bulunmasını,**

d. **Mesela camilerin bu gözle bakılan müstesna bir yer olarak bilinmesini,**

e. **İbadeti eda ederkenki titizliğimizi,**

f. **İbadetlere süreklilik kazandırma ve ibadeti hayatın hücrelerinden biri haline getirmeyi,**

g. **İbadetin kabulüne karşı korku ve umut dengemizin kurulması açısından test edebiliriz.**

- *Allah görüyor anlayışı ile yapılan bir ibadette her şeyden önce:*

a- **Niyet sahih bir niyettir. Şirkin ve riyanın bulaştığı bir niyetle o kalitede bir ibadet yapılamaz.**

b- **Yapılan ibadet, fıkhına uygun yapılmalıdır. Bidatlerin ve cehaletin etkisinde bir ibadet zahiren ibadet olabilir. Hakikati meçhuldür.**

c- **Bu ibadet eda edildikten sonra 'Ucub' (yaptığını mükemmel görme) hastalığına karşı korunmaya çalışılır. Mü'min Rabbinin huzurunda boynu bükük ve eli açık kalmayı tercih eder.**

Kabuğu Görme Özü Gör

23

عَنْ أَبِى هُرَيْرَةَ رَضِيَ اللّٰهُ عَنْهُ: قَالَ رَسُولُ اللّٰهِ صَلَّى اللّٰهُ عَلَيْهِ وَسَلَّمَ:

إِذَا نَظَرَ أَحَدُكُمْ إِلَى مَنْ فُضِّلَ عَلَيْهِ فِى الْمَالِ وَالْخَلْقِ، فَلْيَنْظُرْ إِلَى مَنْ هُوَ أَسْفَلُ مِنْهُ.

Ebu Hureyre *radıyallahu anh*ın rivayet ettiğine göre Resûlullah *sallallahu aleyhi ve sellem* şöyle buyurdular:

"Sizden biriniz, malda ve yaratılışta kendisinden daha üstününü gördüğünde, kendisinden daha aşağıda olana da baksın."

Müslim, Zühd, 53 (7354)

Petekten Sızan

- Dünya bir imtihan yeridir. İmtihanın en ağır olanlarından biri de maişet için gerekli olan mala sahip olmaktır. Mal olmadan hayat sürdürmek hatta iyi bir mü'min olmak zordur. Fakirlik ürkütücüdür.

- Sağlıklı ve güzel bir beden sahibi olmak da her insanın arzusudur. Bedensel özürlüler, bedendeki yetersizlikler, başka insanlara göre farklı veya eksik denebilecek yapıda olmak, kimsenin arzu etmediği bir durumdur.

  Ancak Allah, dilediğini dilediği gibi yaratıyor. Kimse kendi zevk ve düşüncelerine göre ve siparişle yaratılmamıştır. Neredeyse hiçbir insan diğerine benzemiyor.

  Yukarı bakıldığında neredeyse uçsuz bucaksız denecek kadar bir yükseliş, aşağı doğru bakıldığında da aynı şekilde büyük bir mesafe vardır.

  Herkes bulunduğu yerden yukarı veya aşağı doğru bakıp görebileceği çok şey bulur. Önemli olan ne tarafa ve neden baktığının şuurunda olmaktır.

- Malda ve yaratılıştaki bu düzen, Allah'ın kullarını imtihan etmek için kurduğu bir düzendir. Ne fakir fakirliğinden kaybeder veya kazanır ne de zengin zenginliğinden kaybeder veya kazanır.

Ne Züleyha güzelliği ile ihya oldu ne Bilal zenciliği ile geri kaldı. Güzellik-çirkinlik, fakirlik-zenginlik izafi değerlerdir. Bugün olan, yarın olmayan isimlerdir. Allah'ın rızası doğrultusunda değerlendiremedikten sonra beyaz olsan ne olur, kara olsa ne olur?!

- *Bu mozaik yapı üzerinden;*

a- Rabbimizin üzerimizde ve çevremizdeki sayılamayacak kadar çok olan nimetlerini nasıl algıladığımızı, O'nun hiçbir mecburiyeti yokken sadece Latîf, Vehhab, Kerîm ve Rahîm olduğu için üzerimize nimetler yağdırdığını, bin bir hatamıza rağmen rahmetini kesmediğini, bir de bunun ötesinde bedelini ödeyemeyeceğimiz bir cennete bizi davet ettiğinin şuurunda olup olmadığımızı,

b- Bunca nimetin yanında birilerine göre bize biraz daha az sayılacak bir mal vermesinden ya da sıhhatimizi başkalarına göre şu noktadan özürlü denecek halde yaratmasından veya bizim çocuğumuzu başkasının çocuğuna göre biraz daha esmer yaratmasından ötürü -O'nun kaderine sanki itirazımız varmış gibi- bir zihin kargaşası içinde olup olmadığımızı,

c- "Onu vermediyse bunu verdi ya 'elhamdülillah', hiç vermese ne yapabilirdim ki?" diyebildiğimizi ya da sanki uzayda boşlukta kalmış gibi hissedip deprenmek yerine, 'Rabbi olan yalnızlık hissetmez asla!' diye haykırıp haykırmadığımızı test edebiliriz.

Kur'an Her Şeyimizdir

24

عَنْ عَبْدِ الرَّحْمٰنِ بْنِ ثَابِتٍ قَالَ رَسُولُ اللّٰهِ صَلَّى اللّٰهُ عَلَيْهِ وَسَلَّمَ:

إِنَّ الْبَيْتَ الَّذِي لَا يُقْرَأُ فِيهِ الْقُرْآنُ يَضِيقُ عَلَى أَهْلِهِ ويَقِلُّ خَيْرُهُ.

Abdurrahman bin Sabit'in rivayetine göre Resûlullah *sallallahu aleyhi ve sellem* şöyle buyurmuştur:

"Kur'an okunmayan ev, içindekilere dar gelir. O evin hayrı azalır."

Abdurrazzak, 5999

Petekten Sızan

- Kur'an, Allah ile aramızdaki bağımızdır. Kur'an, Müslümanlığımızın göstergesidir.

  Ona uyduğumuz kadar Müslümanız. Onu okuyuşumuz, onu düşünüşümüz, onunla amel edişimiz, onun neşri için gayret edişimiz Müslümanlık denen şeydir.

  O bir kenarda iken, ayetleri ölülere tahsis edilmiş ve diriler için bir değer ifade etmezken bizim Müslümanlıkta samimiyet iddialarımız ne anlam ifade eder?

- Kur'an sadece cami veya medrese kitabı değildir şüphesiz. Camide ve medresede Kur'an okuduğumuz gibi, iş yerlerimizde ve evlerimizde de Kur'an'la yaşarız. Tatile onunla gideriz.

- Evlerimizin her bireyi ayrı bir Kur'an mükellefi olduğu için hepimizin ayrı bir Kur'an virdi olması gerekmektedir.

  Onu okumak, onunla amel etmek gibi bir gayretin yanında, evimizdeki her bireyin onu öğrenmesi, onun mücahitleri olması için yoğun gayret sarf ederiz. Bu uğurda gecemizi gündüzümüz yaparız.

- Kur'an'ı ihmal etmek, uğrunda gayret etmemek, onu yalnız bırakmak elbette ahirette kuldan sorulacak hatalardır. Fakat bu hadisi şerif başka bir noktaya dikkatimizi çekiyor:

Kur'ansız kalmak sadece ahirette hesabı sorulacak olan bir gaflet değildir. Yaşadığımız hayatın huzursuz olması, bunaltan, bereketsiz evlerde yaşamamızın nedenlerinden biri de Kur'an ile mamur edilmemiş evlerde yaşıyor olmamızdır.

Kişi başına bir oda düşen, modern, müreffeh, mobilya fuarı gibi evlerde neden daralıyoruz? Avize müzesi gibi evlerde neden içimiz kararıyor?

Neden aile fertleri birbirini görmek istemiyor? Nedir bu bolluk içindeki kıtlığımız, neyi kaybettik? Bütün teknolojik gelişmelere rağmen sıhhatimiz tehlikede, soluduğumuz havamız zehirli, binalarımız çürük... Bulduğumuz, kaybettiğimize değdi mi acaba?

- *Söz konusu Kur'an'ımız olunca;*

a- **Onu ne kadar okuduğumuzu,**

b- **Ona dalıp ne kadar gözyaşı akıttığımızı,**

c- **Onunla amel etme konusunda nerede olduğumuzu,**

d- **Onu kaç kişiye öğretmeye vesile olduğumuzu,**

e- **Malımızdan ve vaktimizden ona ne kadar ayırdığımızı,**

f- **Yetişmesinden sorumlu olduklarımızın onu öğrenmelerine ve okuma aşkı sahibi olmalarına karşı neler yapabildiğimizi,**

g- Evimizde hangi saatlerin Kur'an saati olarak melekler tarafından yazıldığını,

h- İnsanlığın Kur'an'dan uzak bir hayatı benimsemiş olmasına karşın şahsi sorumluluğumuzu tefekkür edip etmediğimizi,

i- Kur'an ilimlerine sahip olmak için neler yaptığımızı test edebiliriz.

Kur'an sadece cami veya medrese kitabı değildir şüphesiz. Camide ve medresede Kur'an okuduğumuz gibi, iş yerlerimizde ve evlerimizde de Kur'an'la yaşarız. Tatile onunla gideriz.

İşin Aslı

25

عَنْ مُعَاذِ بْنِ جبَلٍ رَضِيَ اللّٰهُ عَنْهُ قَالَ:

كُنْتُ مَعَ النَّبِيِّ صَلَّى اللّٰهُ عَلَيْهِ وَسَلَّمَ فِي سَفَرٍ فَأَصْبَحْتُ يَوْمًا قَرِيبًا مِنْهُ وَنَحْنُ نَسِيرُ فَقُلْتُ يَا رَسُولَ اللّٰهِ أَخْبِرْنِي بِعَمَلٍ يُدْخِلُنِي الْجَنَّةَ وَيُبَاعِدُنِي عَنِ النَّارِ قَالَ:

لَقَدْ سَأَلْتَنِي عَنْ عَظِيمٍ وَإِنَّهُ لَيَسِيرٌ عَلَى مَنْ يَسَّرَهُ اللّٰهُ عَلَيْهِ. تَعْبُدُ اللّٰهَ وَلَا تُشْرِكُ بِهِ شَيْئًا وَتُقِيمُ الصَّلَاةَ وَتُؤْتِي الزَّكَاةَ وَتَصُومُ رَمَضَانَ وَتَحُجُّ الْبَيْتَ ثُمَّ قَالَ **أَلَا أَدُلُّكَ عَلَى أَبْوَابِ الْخَيْرِ: اَلصَّوْمُ جُنَّةٌ وَالصَّدَقَةُ تُطْفِئُ الْخَطِيئَةَ كَمَا يُطْفِئُ الْمَاءُ النَّارَ** وَصَلَاةُ الرَّجُلِ مِنْ جَوْفِ اللَّيْلِ قَالَ ثُمَّ تَلَا:

﴿تَتَجَافَى جُنُوبُهُمْ عَنِ الْمَضَاجِعِ﴾ حَتَّى بَلَغَ يَعْمَلُونَ

ثُمَّ قَالَ: **أَلَا أُخْبِرُكَ بِرَأْسِ الْأَمْرِ كُلِّهِ وَعَمُودِهِ وَذِرْوَةِ سَنَامِهِ** قُلْتُ بَلَى يَا رَسُولَ اللّٰهِ قَالَ: **رَأْسُ الْأَمْرِ الْإِسْلَامُ وَعَمُودُهُ الصَّلَاةُ وَذِرْوَةُ سَنَامِهِ الْجِهَادُ** ثُمَّ قَالَ:

أَلَا أُخْبِرُكَ بِمَلَاكِ ذٰلِكَ كُلِّهِ قُلْتُ بَلَى يَا نَبِيَّ اللّٰهِ فَأَخَذَ بِلِسَانِهِ
قَالَ: كُفَّ عَلَيْكَ هٰذَا فَقُلْتُ يَا نَبِيَّ اللّٰهِ وَإِنَّا لَمُؤَاخَذُونَ بِمَا نَتَكَلَّمُ
بِهِ؟ فَقَالَ: ثَكِلَتْكَ أُمُّكَ يَا مُعَاذُ وَهَلْ يَكُبُّ النَّاسَ فِي النَّارِ عَلَى
وُجُوهِهِمْ أَوْ عَلَى مَنَاخِرِهِمْ إِلَّا حَصَائِدُ أَلْسِنَتِهِمْ!

Muaz bin Cebel *radıyallahu anh* diyor ki:

Yolculuklardan birinde Peygamber *sallallahu aleyhi ve sellem* ile beraber bulunuyordum. Bir gün yürürken iyice yanına sokuldum. Dedim ki:

'Ya Resûlellah! Bana cennete koyup ateşten uzaklaştıracak ameli gösterir misin?' Buyurdu ki:

'Büyük bir şeyi sordun. Bu, Allah'ın kolaylaştırdığına kolaydır. Allah'a kulluk edip O'na hiçbir şeyi ortak koşma. Namazı ikame et. Zekâtı ver. Ramazanı tut. Haccet.'

Sonra buyurdu ki:

'Sana hayır kapılarını göstereyim mi? Oruç kalkandır. Sadaka, suyun ateşi söndürdüğü gibi hatayı söndürür. Ve kişinin gece yarısında kıldığı namazı!..' diyerek Secde suresinin on altıncı ayetini okudu.

Daha sonra buyurdu ki:

'İşin başını, direğini ve en zirvesini anlatayım mı sana?' Buyur ya Resûlellah, dedim. Buyurdu ki:

'İşin başı İslam'dır. Direği namazdır. En zirvesi de cihattır.'

Ardından da buyurdu ki:

'Bütün bunların bir arada olduğu şeyi sana söyleyeyim mi?' Buyur ya Resûlellah, dedim. Dilini tuttu ve:

'Buna dikkat et!' buyurdu. Ben dedim ki:

'Ya Nebiyyellah! Biz konuştuğumuz şeyler için de sorguya çekilecek miyiz?' Buyurdu ki:

'Anan ağlasın senin Muaz! İnsanları yüzükoyun ve burunları yerde süründürerek cehenneme dolduran, dillerinin kazandırdığından başkası değildir.'

Tirmizî, İman, 8 (2616);
İbni Mace, Fiten, 12 (3973)

Petekten Sızan

- Müslüman meraklı insandır, bilmediğini öğrenmek ister. Sahabe, pek çok meseleyi sorarak öğrendiler.

  Resûlullah *sallallahu aleyhi ve sellem* de kendisine sorulan sorulara anlaşılır ve ayrıntılı cevaplar vermiştir.

  Bu hadis bunun örneklerinden biridir.

- İslam, emirleriyle ve yasaklarıyla tonları ve sıralaması farklı bir listeden oluşmaktadır. İslam'ın bir esası, bir direği ve bir de en zirvesi olarak gösterilebilecek farklı talepleri vardır.

  Müslüman, İslam'ı kendi anlayışına göre daraltamaz.

  Cihadın en zirveyi işgal ettiğine dikkat edilmelidir.

  Müslümanlığın özet bir tarifini isteyen sahabiye Resûlullah *sallallahu aleyhi ve sellem,* kulluktan sadakaya kadar geniş bir açı üzerinden İslam'ı tanıtmıştır.

  Bu hadiste, İslam'ı dar kalıplara sokmanın ne kadar yanlış olacağı gayet açık anlaşılmaktadır. İslam, hayatın tamamını kuşatan dinin adıdır.

- Muaz *radıyallahu anh*ın bile hayret ettiği şey, insanların basit gördükleri sözler yüzünden hesaba çekilecekleri gerçeğidir.

Dilden çıkan sözün basiti yoktur, prensibi onu bile sarsmıştır. İslam büyüktür, alanı geniştir. Müslüman'ın dili de ölçülü ve kurallıdır.

Gizli Borcun Olmasın

26

عَنْ أَبِي هُرَيْرَةَ رَضِيَ اللّٰهُ عَنْهُ قَالَ: قَالَ رَسُولُ اللّٰهِ صَلَّى اللّٰهُ عَلَيْهِ وَسَلَّمَ:

مَنْ كَانَتْ لَهُ مَظْلَمَةٌ لِأَخِيهِ مِنْ عِرْضِهِ أَوْ شَيْءٍ فَلْيَتَحَلَّلْهُ مِنْهُ الْيَوْمَ قَبْلَ أَنْ لَا يَكُونَ دِينَارٌ وَلَا دِرْهَمٌ إِنْ كَانَ لَهُ عَمَلٌ صَالِحٌ أُخِذَ مِنْهُ بِقَدْرِ مَظْلَمَتِهِ وَإِنْ لَمْ تَكُنْ لَهُ حَسَنَاتٌ أُخِذَ مِنْ سَيِّئَاتِ صَاحِبِهِ فَحُمِلَ عَلَيْهِ.

Ebu Hureyre *radıyallahu anh* diyor ki: Resûlullah *sallallahu aleyhi ve sellem* şöyle buyurdular:

'Kimin namus veya herhangi bir konuda kardeşine yaptığı bir haksızlık varsa, altın ve gümüşün fayda vermeyeceği gün gelmeden önce ondan helallik dilesin.

O gün geldiğinde iyiliği varsa yaptığı haksızlık kadar iyilik ondan alınır. İyiliği yoksa haksızlık ettiği kardeşinin kötülüklerinden alınarak ona yüklenir.'

Buharî, Mezalim, 10 (2449)

Petekten Sızan

- Olayları sadece dünya ölçüleriyle değerlendirmek hatalıdır. Bizim asıl hesap yerimiz ahirettir.

  Cennet veya cehennemin dikkate alınmadığı hiçbir hesap doğru değildir.

- Ahirette kesinlikle bir hesaplaşma olacaktır. Bu hesaplaşma da orada geçerli olan tek akçe amellerimiz üzerinden yapılacaktır.

  Kıldığımız namazlar ve diğer iyi olduğuna inandığımız amellerimiz, verebileceğimiz yegâne sermayemiz durumundadır.

  Dünyada helalleşmemizin gerektiği insanlar, orada bizden haklarını talep edeceklerdir.

  Bizim verebileceğimiz tek şey ise cennete girmemizi sağlayacak amellerimiz olacaktır.

  Onları verince de biz ortada kalma tehlikesi ile karşılaşmış olacağız. Mesele asla basit değildir.

  Sevaplarımızdan vermek veya başkalarının günahlarından yüklenmek ürkütücü bir durumdur.

- Dünyada helalleşmek tek çaremizdir. Helalleşmenin getirebileceği utanma veya benzeri sıkıntıları kesinlikle dikkate almadan haklar dosyasını burada bitirmemiz gerekir.

  Ahirete kalan bir hesap, buradaki en ağır şartlarla kıyas edilemeyecek kadar zor bir ortamda çözülecektir.

Ahirete kalan bir hesap, buradaki en ağır şartlarla kıyas edilemeyecek kadar zor bir ortamda çözülecektir.

Şirk Zemini Oyar

27

عَنْ أَبِي سَعْدِ بْنِ أَبِي فَضَالَةَ الأَنْصَارِيِّ قَالَ: قَالَ رَسُولُ اللّٰهِ صَلَّى اللّٰهُ عَلَيْهِ وَسَلَّمَ:

إِذَا جَمَعَ اللّٰهُ الْأَوَّلِينَ وَالْاٰخِرِينَ يَوْمَ الْقِيَامَةِ لِيَوْمٍ لَا رَيْبَ فِيهِ نَادَى مُنَادٍ مَنْ كَانَ أَشْرَكَ فِي عَمَلٍ عَمِلَهُ لِلَّهِ فَلْيَطْلُبْ ثَوَابَهُ مِنْ عِنْدِ غَيْرِ اللّٰهِ فَإِنَّ اللّٰهَ أَغْنَى الشُّرَكَاءِ عَنِ الشِّرْكِ.

Ebu Said bin Ebi Fudale *radıyallahu anh,* Resûlullah *sallallahu aleyhi ve sellem*i şöyle buyururken işittiğini nakletmiştir:

Allah, hiçbir şüphesi olmayan kıyamet gününde öncekileri ve sonrakileri topladığında bir münadi şöyle seslenir: 'Kim Allah için yaptığı ameline başkasını ortak ettiyse sevabını da ondan istesin. Allah, ortak koşulmasından münezzehtir.'

Tirmizî, Tefsir, 18 (3154);
İbni Mace, Zühd, 21 (4203)

Petekten Sızan

- Mü'min, kıyamet gününü dikkate almadan yaptığı her işinde zararda olma ihtimali taşır.

  Bir işin dünyadaki görüntüsünden çok, yarın Allah'ın huzurunda nasıl değerlendirileceğine önem vermek gerekmektedir.

- Allah için yapılan işlere riyanın karışması tam anlamıyla bir afettir.

  Haccından sadakasına kadar hangi iş Allah'ın rızasını kazanmak için yapılıyorsa veya öyle yapılması gerekiyorsa, o işe insanların takdir etmelerini beklemek türünden bir hastalık bulaştırılmamalıdır.

  Riya, ibadetleri yiyip bitiren bir kanser gibidir.

- Çağımızın gelişen teknoloji ve tanıtım sistemleri sayesinde ciddi bir riya yatırımı çağına dönüştüğünü gözlerimizle görüyoruz.

  Cami yapmaktan camide namaz kılmaya kadar pek çok alanda riyadan sıyrılmak, neredeyse imkânsız denecek hale gelmiş bulunmaktadır.

  İbadetlerden lezzet alamayışımızın nedenlerinden biri de bu hastalıktır.

  Özellikle İhya gibi bu konuyu ele alan kitaplar titizlikle okunmalıdır, okunması teşvik edilmelidir.

- Riyadan kaçarken ibadetten uzaklaşmayı da bir hata olarak görmemiz gerekiyor.

Riyadan kaçarken ibadetten uzaklaşmayı da bir hata olarak görmemiz gerekiyor.

Hadisler de Dindendir

28

عَنِ الْمِقْدَامِ بْنِ مَعْدِيكَرِبَ الْكِنْدِيِّ أَنَّ رَسُولَ اللّٰهِ صَلَّى اللّٰهُ عَلَيْهِ وَسَلَّمَ قَالَ:

يُوشِكُ الرَّجُلُ مُتَّكِئًا عَلَى أَرِيكَتِهِ يُحَدَّثُ بِحَدِيثٍ مِنْ حَدِيثِي فَيَقُولُ بَيْنَنَا وَبَيْنَكُمْ كِتَابُ اللّٰهِ عَزَّ وَجَلَّ مَا وَجَدْنَا فِيهِ مِنْ حَلَالٍ اسْتَحْلَلْنَاهُ وَمَا وَجَدْنَا فِيهِ مِنْ حَرَام حَرَّمْنَاهُ أَلَا وَإِنَّ مَا حَرَّمَ رَسُولُ اللّٰهِ صَلَّى اللّٰهُ عَلَيْهِ وَسَلَّمَ مِثْلُ مَا حَرَّمَ اللّٰهُ.

Mikdam bin Ma'dikerib el-Kindi *radıyallahu anh*, Resûlullah *sallallahu aleyhi ve sellem*in şöyle buyurduğunu rivayet etmiştir:

'Koltuğuna gerilmiş adama benim hadislerimden biri haber verildiğinde: 'Sizinle aramızda Allah'ın kitabı vardır, onda neyi helal bulduysak onu helal sayarız, neyi de haram bulduysak onu haram sayarız.' diyebilme zamanı yakındır. Dikkat edin! Resûlullah'ın haram kıldığı şeyler Allah'ın haram kıldığı şeylerin aynısıdır.'

İbni Mace, Mukaddime,2 (12)

Petekten Sızan

- Dinin en büyük tehlikelerinden biri, içeriden gelen sinsi saldırılardır.

  Müslümanların bilerek veya bilmeyerek dini yıpratmaları, Peygamber *sallallahu aleyhi ve sellem*in bizi uyardığı hakikatler arasındadır.

  Düşmanın saldırılarını cephelerde beklemek gerektiği gibi Müslüman annelerin doğurduklarından gelecek zararlara da hazırlıklı olmak şarttır.

- İslam, Kur'an ve sünnet üzerine kuruludur. Kur'an'ın yok sayılması kadar önemli bir tehlike de sünnetin yok sayılmasıdır.

  Hadislerin kaldırılması ile başlayan sünnetin yok sayılması düşüncesi ilk etapta Kur'an'ın altının oyulmasıdır.

- Şeytanın ürettiği silahların en önemli özelliklerinden biri, iyi kılıflandırılmış olmalarıdır.

  Müslümanların arasında birinin çıkıp Peygamber *sallallahu aleyhi ve selleme* düşmanlık yapması beklenemez. Yapacak biri olsa çok çabuk tepki görür, dışlanır.

  Ancak Kur'an'ı yüceltme maskesi ile gizlenmiş yüzlerin yapacağı bir saldırının tehlikesi daha zor anlaşılabilir. Buna da dikkat etmek gerekmektedir.

İslam, Kur'an ve sünnet üzerine kuruludur. Kur'an'ın yok sayılması kadar önemli bir tehlike de sünnetin yok sayılmasıdır.

Peygamber Aleyhisselamın Makamı Büyüktür

29

عَنْ جَابِرٍ رَضِيَ اللّٰهُ عَنْهُ:

أَنَّ عُمَرَ بْنَ الْخَطَّابِ أَتَى رَسُولَ اللّٰهِ صَلَّى اللّٰهُ عَلَيْهِ وَسَلَّمَ بِنُسْخَةٍ مِنَ التَّوْرَاةِ فَقَالَ: يَا رَسُولَ اللّٰهِ هٰذِهِ نُسْخَةٌ مِنَ التَّوْرَاةِ. فَسَكَتَ فَجَعَلَ يَقْرَأُ وَوَجْهُ رَسُولِ اللّٰهِ صَلَّى اللّٰهُ عَلَيْهِ وَسَلَّمَ يَتَغَيَّرُ، فَقَالَ أَبُو بَكْرٍ: ثَكِلَتْكَ الثَّوَاكِلُ، أَمَا تَرَى مَا بِوَجْهِ رَسُولِ اللّٰهِ صَلَّى اللّٰهُ عَلَيْهِ وَسَلَّمَ! فَنَظَرَ عُمَرُ إِلَى وَجْهِ رَسُولِ اللّٰهِ صَلَّى اللّٰهُ عَلَيْهِ وَسَلَّمَ فَقَالَ: أَعُوذُ بِاللّٰهِ مِنْ غَضَبِ اللّٰهِ وَمِنْ غَضَبِ رَسُولِهِ، رَضِينَا بِاللّٰهِ رَبًّا وَبِالْإِسْلَامِ دِيناً وَبِمُحَمَّدٍ نَبِيًّا. فَقَالَ رَسُولُ اللّٰهِ صَلَّى اللّٰهُ عَلَيْهِ وَسَلَّمَ: **وَالَّذِى نَفْسُ مُحَمَّدٍ بِيَدِهِ لَوْ بَدَا لَكُمْ مُوسَى فَاتَّبَعْتُمُوهُ وَتَرَكْتُمُونِى لَضَلَلْتُمْ عَنْ سَوَاءِ السَّبِيلِ، وَلَوْ كَانَ حَيًّا وَأَدْرَكَ نُبُوَّتِى لَا تَّبَعَنِى**

Cabir *radıyallahu anh* diyor ki:

Ömer bin Hattab, elinde Tevrat'tan bir nüsha ile Resûlullah *sallallahu aleyhi ve selleme* geldi dedi ki:

‘Ya Resûlellah! Bu Tevrat’tan bir nüshadır.’ Resûlullah *sallallahu aleyhi ve sellem* sustu. O, elindekinden okumaya başladı.

Peygamber *sallallahu aleyhi ve sellem*in yüz rengi değişmeye başladı. Ebu Bekir dedi ki:

‘Yazıklar olsun sana, görmüyor musun Resûlullah *sallallahu aleyhi ve sellem*in yüzünü!’ Ömer, Resûlullah *sallallahu aleyhi ve sellem*in yüzüne baktı ve dedi ki:

‘Allah’ın gazabından ve Resûlü’nün gazabından Allah’a sığınırım. Rabb olarak Allah’tan, din olarak İslam’dan, peygamber olarak da Muhammed’den razıyız.’ Resûlullah *sallallahu aleyhi ve sellem* de şöyle buyurdu:

‘Muhammed’in canını elinde tutana yemin ederim ki, Musa size çıkagelse ve ona uysanız da beni terk etseniz hak yoldan sapmış olursunuz. O yaşasaydı ve peygamberliğimi görseydi bana tabi olurdu.’

Darimi, Mukaddime, 39 (439)

Petekten Sızan

- Tevrat, esasen Allah'ın indirdiği bir kitap olduğu halde neshedilmiştir. Kur'an onu da ihtiva eden bir kitap olarak gelmiştir.

  Resûlullah *sallallahu aleyhi ve sellem*in getirdiği Kur'an varken diğerlerinin sembolik olarak bile ele alınması hoş değildir. Muadil gibi görülmeleri ise zaten mümkün değildir.

- Ömer bin Hattab *radıyallahu anh*ın tavrında Kur'an'a karşı bir kasıt olmadığı bellidir.

  Ancak nübüvvet makamının önünde Kur'an dışında bir kaynağın itibar görmesi, Kur'an'ın yıpranması şeklinde bir sonuç verebilecektir.

  Üst noktada bulunanların tavırlarına dikkat etmeleri gerekmektedir.

  Çocukların kültürleri gelişsin veya eğlensin gibi gerekçelerle ellerine verilen yabancı menşeli bilgi kaynaklarının onlarda ne tür etki edebileceğini düşünmek zorundayız.

  Değil çocuklar, büyüklerin dahi etki altında kalmayacaklarını söyleyemeyiz.

  Özellikle akide konusunda sapık fırkaların tenkit edilirken bile reklamının yapılma tehlikesi, çok ciddi görülmesi gereken bir tehlikedir.

Batılın daha süslü ve dikkat çekici olduğu unutulmamalıdır.

- Resûlullah *sallallahu aleyhi ve sellem* son peygamberdir. O, önceki peygamberlerin tamamının kardeşidir, davaları aynı davadır.

Ancak onun gelmesiyle beraber diğerlerinin peygamberlik vasıfları da bitmiş durumdadır.

Musa *aleyhisselam* gibi ilk beş büyükten biri olan bir peygamberin bile Resûlullah *sallallahu aleyhi ve selleme* ittiba etmekten başka yapabileceği bir şey yoktur.

Peygamberlik davasının kıyamete kadarki sahibi Muhammed *aleyhisselam*dır.

Onların peş peşe gelmiş peygamberler olarak birbirlerinin kardeşleri gibi olmaları, sonra da İslam'ın bütün önceki dinleri ihtiva etmiş olması bir mesele, şimdi onlara ait olduğu iddia edilen kalıntıların veya onların peşinden gittiğini iddia eden Yahudiler veya Hıristiyanların durumu başka bir meseledir.

Kıyamete kadar yaşayacak bütün insanların Muhammed *aleyhisselam*ın nübüvvetine iman etmekten başka çareleri yoktur. Başka iman edilebilecek bir din yoktur.

Kıyamete kadar yaşayacak bütün insanların Muhammed aleyhisselamın nübüvvetine iman etmekten başka çareleri yoktur. Başka iman edilebilecek bir din yoktur

İlk Nesil Mübarektir

30

عَنْ أَبِي سَعِيدٍ الْخُدْرِيِّ رَضِيَ اللّٰهُ عَنْهُ قَالَ قَالَ النَّبِيُّ صَلَّى اللّٰهُ عَلَيْهِ وَسَلَّمَ:

لَا تَسُبُّوا أَصْحَابِي فَلَوْ أَنَّ أَحَدَكُمْ أَنْفَقَ مِثْلَ أُحُدٍ ذَهَبًا مَا بَلَغَ مُدَّ أَحَدِهِمْ وَلَا نَصِيفَهُ.

Ebu Said el-Hudri *radıyallahu anh*, Peygamber *sallallahu aleyhi ve sellem*in şöyle buyurduğunu rivayet etmektedir:

'Ashabıma sövmeyin. Sizden biriniz Uhud kadar altın infak etse, onların bir avucuna veya yarısına bile ulaşamaz.'

Buharî, Menakib,5 (3676);
Müslim, Fadail, 54 (6434);
Ebu Davud, Sünne, 11(4658);
Tirmizî, Menakib, 58 (3861);
İbni Mace, Mukaddime, 11 (161).

Petekten Sızan

- İslam vefa dinidir. Ashap, Allah onlardan razı olsun, en zor günlerde Resûlullah *sallallahu aleyhi ve sellemi* yalnız bırakmadılar.

  Ona canlarıyla mallarıyla destek oldular.

  Ümmeti, kıyamet gününe kadar onların bu hizmeti sayesinde din bulacak, İslam önceki dinlerin akıbetine uğramayacaktır.

  Onların uluorta anılmaları asla benimsenemez. Kulluk seviyesinden yükseltilip, putlaştırılmaları da yanlıştır.

  Normal bir insan olarak hürmet ve saygıyla anılmaları, hizmetlerinin gereği olarak benimsenmelidir.

- Ashabın şahsiyetine dil uzatılması, sinsi bir düşmanlığın sonucudur.

  Çünkü onlar itham edilecek bir konumda bulunduklarında bundan ilk zararı görecek olan Kur'an'dır. Kur'an'ı onlar bize ulaştırdılar.

  Onlar yalanla veya adi suçlardan biriyle itham edildiğinde biz bir zaman sonra Kur'an'ı da savunamaz halde bulunmuş oluruz ki bu bir tuzaktır. Bu tuzağa karşı ümmet uyanık bulunmalıdır.

- Sadakaların veya diğer ibadetlerin hacmi bizim için önemli olabilir.

Allah Teâlâ ise o sadakanın veya ibadetin yapılması esnasındaki ihlasa ve kulun onu hangi şartta nerede ne zaman yaptığına bakmaktadır.

Zor zamanların sadakasıyla kolay zamanların sadakası aynı değildir.

Uhud Dağı kadar altınla yarım avuç buğday, bunun için denk tutulmamıştır.

Cihad Zirvedir

31

عن عَبْدِ اللّٰهِ بْنِ مَسْعُودٍ رَضِيَ اللّٰهُ عَنْهُ:

سَأَلْتُ رَسُولَ اللّٰهِ صَلَّى اللّٰهُ عَلَيْهِ وَسَلَّمَ قُلْتُ يا رَسُولَ اللّٰهِ! أَيُّ الْعَمَلِ أَفْضَلُ قَالَ: **اَلصَّلَاةُ عَلَى مِيقَاتِهَا**، قُلْتُ ثُمَّ أَيٌّ قَالَ: **ثُمَّ بِرُّ الْوَالِدَيْنِ**، قُلْتُ ثُمَّ أَيٌّ قَالَ: **اَلْجِهَادُ فِي سَبِيلِ اللّٰهِ**، فَسَكَتُّ عَنْ رَسُولِ اللّٰهِ صَلَّى اللّٰهُ عَلَيْهِ وَسَلَّمَ وَلَوِ اسْتَزَدْتُهُ لَزَادَنِي.

Abdullah bin Mesud *radıyallahu anh* diyor ki:

Resûlullah *sallallahu aleyhi ve selleme* hangi amelin daha üstün olduğunu sordum. **'Vaktindeki namaz.'** dedi.

Sonra hangisidir, diye sordum. **'Anne babaya iyilik.'** dedi.

Sonra hangisidir, diye sordum. **'Allah yolunda cihattır.'** dedi.

Sormaya devam etmedim. Daha fazla sorsaydım cevap verecekti.'

Buharî, Cihad, 1 (2782)

Petekten Sızan

- İslam sadece namaz dini değildir. Mü'minin hayatına ait ne varsa onda İslam'ın bir hükmü muhakkak vardır. Mü'minin yaptığı işler arasında bir sıralama muhakkak vardır.

  Namazın yeriyle orucun yeri aynı değildir. Farzın değeriyle vacibin değeri de aynı değildir.

  Sıralamadaki hikmetleri kollamak iyi bir ibadet hayatı yaşamak için gereklidir.

  Nafilelerle yoğunlaşıp farzları ihmal etmek yanlıştır.

- İbadetlerin tümü Allah için yapılıyor olmakla beraber, bazı ibadetlerin vaktinde yapılması önem kazanmaktadır.

  Ezan okunduktan sonra en önemli iş namaz olmalıdır.

  Haramlardan birine kayma riski belirince en önemli işin haramdan kurtulmak olması gerekmektedir. Cihad da böyledir.

- Namaz ve cihat ibadetlerinin arasına girmiş bulunan anne baba iyiliği, dinimiz İslam'ı çok farklı kılan en önemli özelliklerdendir.

  Anne baba hukuku, bir tür namaz ve cihat olarak görülmelidir. Namaz değilse de namazla beraber anılan emirler arasında bulunmaktadır.

Anne baba hukuku, bir tür namaz ve cihat olarak görülmelidir. Namaz değilse de namazla beraber anılan emirler arasında bulunmaktadır.

Kolaylaştır
Kolaycı Olma !

32

عَنْ أَنَسٍ رَضِيَ اللّٰه عَنْهُ عَنِ النَّبِيِّ صَلَّى اللّٰهُ عَلَيْهِ وسَلَّمَ

قَالَ:

يَسِّرُوا وَلَا تُعَسِّرُوا وَبَشِّرُوا وَلَا تُنَفِّرُوا.

Enes *radıyallahu anh*tan rivayet edildiğine göre Peygamber *sallallahu aleyhi ve sellem* şöyle buyurdu:

"Kolaylaştırınız, zorlaştırmayınız. Müjdeleyiniz, ürkütmeyiniz."

Müslim, Cihad,3;
Ebu Davud, Edeb, 20 (4835)

Petekten Sızan

Müslüman, kendisi iyi bir İslam yaşadığı gibi, İslam'ı bir kişinin daha yaşamasını da arzu etmeli ve bu arzusunu da gayretleri ile desteklemelidir.

Bu ise dinin kolay olduğunun ikna edilmesine bağlıdır. Ürken kaçabilir.

İnsan, kendisi için olan da dâhil olmak üzere kolay olanı tercih etmeli, kolaya gidişi kolaylaştırmalıdır.

Ancak bu asla dinden taviz vererek olmamalıdır.

Çünkü dinden taviz vermek kimsenin hakkı değildir.

Biz, Allah'ın lütfettiği ruhsatları değerlendirsek zaten din caziptir, katlanılamaz yanı yoktur.

Cehennemi de cenneti de bilmek ve tanıtmak görevimizdir. Fakat sürekli cehennemle ve tehditle ürkütmek, nebevî bir metot değildir.

Sulandırmak da kuru bırakmak da itidal değildir.

Özellikle çocuk eğitiminde nebevî usûl budur.

Bu güzel öğüdü, hayatın her alanında uygulayabiliriz.

Borç tahsilinden misafir ağırlamaya kadar her alanda kolaylaştırmayı prensip edinmek, sünnet üzere yaşamanın bir gereğidir.

Borç tahsilinden misafir ağırlamaya kadar her alanda kolaylaştırmayı prensip edinmek, sünnet üzere yaşamanın bir gereğidir.

Faniyiz, Bâkî'ye Bağlıyız

33

عَنْ أَبِي هُرَيْرَةَ رَضِيَ اللّٰهُ عَنْهُ: قَالَ رَسُولُ اللّٰهِ صَلَّى اللّٰهُ عَلَيْهِ وَسَلَّمَ:

اَكْثِرُوا مِنْ قَوْلِ "لَا حَوْلَ وَلَا قُوَّةَ إِلَّا بِاللّٰهِ" فَإِنَّهَا مِنْ كُنُوزِ الْجَنَّةِ.

Ebu Hureyre *radıyallahu anh* rivayet ediyor:

Resûlullah *sallallahu aleyhi ve sellem* şöyle buyurdular:

لَا حَوْلَ وَلَا قُوَّةَ إِلَّا بِاللّٰهِ

"Allah'tan başka hiçbir güç ve kuvvet yoktur." Sözünü çok tekrar edin. Çünkü o, cennet hazinelerindendir."

Ahmed, 8387

Petekten Sızan

- Her şeyin mülkü Allah'ın elindedir. Güç ve kuvvet O'nundur. İnsanın elinde ve beyninde var zannettiği şeyler hem cılızdır hem fanidir.

- İnsan fani, eli avucundaki sınırlı olduğuna göre, insanın güçten kuvvetten, çareden söz edileceği bir zamanda Allah'ı hatırlaması bir iman yansımasıdır.

  Bir afetle, cenaze ile karşılaştığında 'inna lillahi ve inna ileyhi raciun biz Allah'tan geldik, O'na döneceğiz, der.

  Daralır 'hasbunellah ve nimelvekil Allah bize yeter, O ne güzel vekildir', der.

  Çaresiz kalır, eli kolu bağlanır 'la havle vela kuvvete illa billah', der.

- *Dilimiz ve tavırlarımız üzerinde;*

a- **Allah'ın gücü ve kendi gücümüzü oranlarken neler hissettiğimizi, elimizdekinin ve cebimizdekinin bir 'hiç' olup olmadığını,**

b- **Gergin anlarımızda nasıl tepki gösterdiğimizi, dilimizi nelere alıştırdığımızı, istiğfar ve tevbe edip etmediğimizi, 'la havle...' diyip diyemediğimizi,**

c- **Dilimize hâkim kültürün kaynağının nebevi olup olmadığını test edebiliriz.**

Her şeyin mülkü Allah'ın elindedir. Güç ve kuvvet O'nundur. İnsanın elinde ve beyninde var zannettiği şeyler hem cılızdır hem fanidir.

İşine Bak

34

عَنْ أَبِي هُرَيْرَةَ رَضِيَ اللّٰهُ عَنْهُ قَالَ: قَالَ رَسُولُ اللّٰهِ صَلَّى اللّٰهُ عَلَيْهِ وسَلَّمَ:

مِنْ حُسْنِ إِسْلَامِ الْمَرْءِ تَرْكُهُ مَالَا يَعْنِيهِ.

Ebu Hureyre *radıyallahu anh*tan rivayet edildiğine göre Resûlullah *sallallahu aleyhi ve sellem* şöyle buyurdu:

"Kendisini (doğrudan) ilgilendirmeyen şeyi terk etmesi, kişinin iyi Müslüman oluşundandır."

Tirmizî, Zühd, 11 (2317)
İbni Mace, (3976)

Petekten Sızan

Bu hadisi şerif, Müslümanlar'a en temel çizgileri çizen ana hadislerden biridir. İslam ahlâkının, Müslüman şahsiyetinin içini dolduran kuralların en başında gelenlerden biri bu budur:

'Seni ilgilendirmeyeni terk et.'

Müslüman'ı ne ilgilendirir?

Allah'ın rızasını kazanacağı ameller, ibadetler, ömür nimetinin değerlendirilmesi, menhiyattan kaçınmak, insanlığa hizmet etmek, salih bir çocuk yetiştirmek, sorumluluğu altındakilerin rızkını ve masraflarını temin etmek, nafile ibadetleri çoğaltmak, dik ve izzetli olmasını sağlayacak imkânlara sahip olmak ve diğer İslamî/insanî işler.

Çok başlık altında toplanabilecek olan ama özü İslamî ve insanî olarak adlandırılabilecek bu işler Müslüman'ı, imkân ve konumuna göre şu kadar veya bu kadar ilgilendirir.

Müslüman da kendisini ilgilendirdiğine inandığı her şeyle ilgilenir.

Müslüman'ı ne ilgilendirmez?

Allah'ın gazap ettiği bir iş, ebeveyninin razı olmayacağı bir iş, Müslüman bir insanı rencide edecek söz-davranış, kendi şahsiyetini küçük düşürecek söz-yazı, vakit israfına neden olacak malayani sözler, işler, mal israfına neden olacak işler...

Müslüman'ın emeli büyüktür. Yolu uzundur. Gözü çok ilerlerdedir. İşi çok, emeli büyük bir insan, hedefine uygun olmayan işlerle ilgilenirse vakit kaybeder, seviyesi düşer.

Müslüman ciddidir. Ciddiyetinin sözde kalmasına neden olacak konuşmalardan, davranışlardan uzak durur.

Yoksa içi boş bir Müslüman olarak yaşar ki bu tam bir zarardır.

Boş Adamımız Yoktur

35

عَنْ عَبْدِ اللّٰهِ بْنِ عُمَرَ قَالَ: سَمِعْتُ رَسُولَ اللّٰهِ صَلَّى اللّٰهُ عَلَيْهِ وَسَلَّمَ يَقُولُ:

كُلُّكُمْ رَاعٍ وَكُلُّكُمْ مَسْئُولٌ عَنْ رَعِيَّتِهِ، الْإِمَامُ رَاعٍ وَمَسْئُولٌ عَنْ رَعِيَّتِهِ، وَالرَّجُلُ رَاعٍ فِي أَهْلِهِ وَهُوَ مَسْئُولٌ عَنْ رَعِيَّتِهِ، وَالْمَرْأَةُ رَاعِيَةٌ فِي بَيْتِ زَوْجِهَا وَمَسْئُولَةٌ عَنْ رَعِيَّتِهَا، وَالْخَادِمُ رَاعٍ فِي مَالِ سَيِّدِهِ وَمَسْئُولٌ عَنْ رَعِيَّتِهِ، قَالَ: وَحَسِبْتُ أَنْ قَدْ قَالَ: وَالرَّجُلُ رَاعٍ فِي مَالِ أَبِيهِ وَمَسْئُولٌ عَنْ رَعِيَّتِهِ، وَكُلُّكُمْ رَاعٍ وَمَسْئُولٌ عَنْ رَعِيَّتِهِ.

Abdullah bin Ömer *radıyallahu anh*üma, Resûlullah *sallallahu aleyhi ve sellem*i şöyle buyururken işittim demiştir:

'Hepiniz çobansınız. Hepiniz güttüğünüzden mesulsünüz. Lider çobandır ve halkından mesuldür. Kişi evinde çobandır, o da ev halkından mesuldür. Kadın eşinin evinde çobandır, o da evinden mesuldür. Hizmetçi mal sahibinin çobanıdır, o da güttüğünden mesuldür.'

Ravi diyor ki: Zannederim:

'Kişi babasının malında çobandır ve ondan mesuldür. Hepiniz çobansınız ve güttüğünüzden mesulsünüz.' de dedi.

Buharî, Sala,11 (893);
Müslim, İmare, 5 (4701);
Tirmizî, Cihad, 27 (1705);
Ebu Davud, Harac, 1 (2928)

Petekten Sızan

- İman etmek sorumluluk üstlenmektir. Hayatın hangi noktasında olursa olsun mü'min için bir sorumluluk alanı muhakkak vardır. Emekli olup bir kenara çekilme anlayışı yoktur.

- Sorumluluk alanımızı sadece namaz ve oruç gibi 'ibadet' olarak adlandırdığımız kavramlarla daraltamayız. İbadet çok daha geniş bir pencereden görülmelidir.

  Allah'ın rızasına uygun yapılması gereken her şey bir ibadettir. Bu anlamda siyaset, çocuk eğitimi, şirket kurup yönetme gibi işler de ibadet alanına dâhildir.

- Müslüman, camide namaz esnasında hangi şuur altında ise sokakta ve işinde de o şuur ile yaşar. Sorumluluk alanımızı kendimiz belirleyemeyiz.

  Böyle bir anlayış, sadece kuşun başını kuma gömmesi olur.

- Herkesin sorumluluğu kendi alanındadır. Siyasetçinin sorumluluğu onun çalışma alanındaki işlerle ilgilidir.

  Aynı siyasetçi, evine baba olarak döndüğünde ise babalığın yüklediği sorumluluğu da vardır. Siyasetçi ve baba olarak sorumluluk taşırken kendi ebeveynine karşı da evlat sorumluluğu devreye girer.

- Müslüman, Allah'ın kulu olarak O'nun murakabesinde olduğu her anı bir imtihan olarak bilir. Bu nedenle tatil yapsa bile kendisini murakabe dışında hiç görmez.

  Eğlenmeyi, nimetlerden istifade etmeyi de bir hak olarak kullanır ama sorumluluk şuurunu ihmal etmez. İnsan olarak yaşadıkça herkesin bir sorumluluğu muhakkak vardır.

Kur'an, Yaşamak İçindir.

36

عَنْ جُنْدُبِ بْنِ عَبْدِ اللّٰهِ رَضِيَ اللّٰهُ عَنْهُ قَالَ:
كُنَّا مَعَ النَّبِيِّ صَلَّى اللّٰهُ عَلَيْهِ وَسَلَّمَ وَنَحْنُ فِتْيَانٌ حَزَاوِرَةٌ فَتَعَلَّمْنَا الْإِيمَانَ قَبْلَ أَنْ نَتَعَلَّمَ الْقُرْآنَ ثُمَّ تَعَلَّمْنَا الْقُرْآنَ فَازْدَدْنَا بِهِ إِيمَانًا.

Cündüb bin Abdullah *radıyallahu anh* dedi ki:

Biz Peygamber *sallallahu aleyhi ve sellem*le beraberken erginlik çağına girmek üzere olan gençlerdik. Kur'an öğrenmeden önce imanı öğrendik. Sonra da Kur'an'ı öğrenince onunla imanımız arttı.

İbni Mace, Mukaddime, 9 (61)

Petekten Sızan

- Kur'an, onu okuyanın imanına göre etki eden bir kitaptır. İman etmedikten sonra veya okumuş olmak için okuduktan sonra Kur'an, beklenen tesiri göstermeyebilir.

  Ashabı kiramın Kur'an'a bakışları, onların Kur'an'dan bütün nesillerden daha fazla istifade etmelerine neden oldu. Kur'an'ı Rablerinin emaneti olarak gördüler ve Allah'a olan imanları, saygıları Kur'an'a yansıdı.

  Kur'an da adeta onlara kendini açtı. Kur'an okurken Rableri ile konuşur gibi oldular. Her şeyden önce bizim Kur'an'a bakış tarzımızı yenilememiz gerekmektedir ki Kur'an bize açılsın.

- Çocukların Kur'an'la kurulacak bağı, onların Kur'an mualliminin önüne gittikleri günle başlarsa bu çok geç kalınmış bir zaman olacaktır.

  Cündüb *radıyallahu anh* çocukluğuna ait bir hatırayı bize samimi bir şekilde aktarıyor ve diyor ki: *'Kur'an öğrenmeden önce imanı öğrendik. Sonra da Kur'an'ı öğrenince onunla imanımız arttı.'*

  İnsanın Kur'an hafızı olması başka şey, Kur'an ehli olup hayatını ona vakfetmesi başka şeydir. Çocukların ne olduğunu bilmedikleri bir Kur'an'ın önünde oturtulmaları ile, aile bireylerinin adı anılırken bile tazim gösterdikleri ve çocuğun kulağına sözcüklerin girdiği andan beri onunla aşıladıkları Kur'an önünde oturmaları aynı şey değildir.

Öğreten muallimden, öğrenecek çocuğa, fedakârlığı yapacak ebeveyne kadar herkes Kur'an güneşinin etrafında dönecektir ki Kur'an kendini onlara açsın.

- Kur'an'ın iman artırması, mü'mine rehber olması sadece onu ezberlemekle oluşmayacaktır. Kur'an'ın ne dediğinin anlaşılmaya çalışılması da gerekmektedir. Hafızlık yapanların Kur'an tefsirinden bile -ezberlemelerini engeller endişesiyle- uzak tutulmaları ilk bakışta doğru görülebilir. En azından bazı kısa ayetlerin anlamını bilmelerinin hafız adaylarına teşvik olacağını da bir eğitim konusu olarak düşünmemiz gerekir.

Güçlü Olmak Gerekiyor

37

عَنْ أَبِي هُرَيْرَةَ رَضِيَ اللّٰهُ عَنْهُ قَالَ: قَالَ رَسُولُ اللّٰهِ صَلَّى اللّٰهُ عَلَيْهِ وَسَلَّمَ:

اَلْمُؤْمِنُ الْقَوِيُّ خَيْرٌ وَأَحَبُّ إِلَى اللّٰهِ مِنَ الْمُؤْمِنِ الضَّعِيفِ وَفِي كُلٍّ خَيْرٌ. اِحْرِصْ عَلَى مَا يَنْفَعُكَ وَاسْتَعِنْ بِاللّٰهِ وَلَا تَعْجَزْ. وَإِنْ أَصَابَكَ شَيْءٌ فَلَا تَقُلْ: لَوْ أَنِّي فَعلْتُ كَانَ كَذَا وَكَذَا، وَلٰكِنْ قُلْ: قَدَّرَ اللّٰهُ، وَمَا شَاءَ فَعَلَ، فَإِنَّ لَوْ تَفْتَحُ عَمَلَ الشَّيْطَانِ.

Ebu Hureyre *radıyallahu anh*tan rivayet edildiğine göre, Resûlullah *sallallahu aleyhi ve sellem* şöyle buyurdu:

"Kuvvetli mü'min, (Allah katında) zayıf müminden daha hayırlı ve daha sevimlidir. (Bununla beraber) her ikisinde de hayır vardır.

Sen, sana yararlı olan şeyi elde etmeye çalış. Allah'tan yardım dile ve asla zavallı halde kalma.

Başına bir şey gelirse, *"Şöyle yapsaydım, böyle olurdu."* diye hayıflanıp durma. *"Allah'ın takdiri bu, O, ne dilerse yapar."* de. Zira *"Eğer şöyle yapsaydım..."* sözü şeytanı memnun edecek işlerin kapısını açar."

Müslim, Kader, 8 (6716)

Petekten Sızan

Mü'min olmak, ilave bir ünvana gerek kalmadan şereftir, kazançtır. Ancak güçlü mü'min olmak daha iyidir. Bedenen daha güçlü, ekonomik olarak daha güçlü, ses getirmede daha güçlü, bilgide daha güçlü olmak bir farktır.

Bu fark da Allah'ın ve Nebi'sinin görmek istediği bir farktır. İnsanlar neye güç diyorlarsa o güç mü'minde bulunmalıdır. Mü'min, ayakları üzerinde durduğu gibi başkalarını da ayağa kaldıracak düzeye gelmeyi hedef edinmelidir.

Güçlü olmanın en belirgin özelliği, güçlü olduğunu benimsemek ve yalnız olmadığına inanmış olmaktır.

Her şeyi aleyhine yorumlayan, tersliklerin kendisini bulduğunu düşünen kişi, şeytana koz veren durumundadır. Güç, önce beyinde oluşmalıdır.

Kul olarak gücü ile aşabileceklerini aşmaya çalışır, sonra da 'Allah diledi, böyle oldu.' derken içi rahat eder.

Her şeyi aşamayacağını bilir. Burada kulun Allah'a imanının ne düzeyde olduğu, sınanma anında ne tepki vereceği de ortaya çıkmaktadır.

'Allah ile olan yalnız değildir.' anlayışı, bir iman düzeyidir. Bu şuuru toparlayamayan bir mü'minin seviye kaybı, kendisi için söz konusu olduğu kadar içinde bulunduğu cemaati için de seviye kaybına işarettir.

Kul, kendi lehine olan işlerin peşinde koşmalıdır. Emek verilecek yerde emekten kaçınmak hatadır.

Ne olursa olsun kul, Rabbine sığınmasını bilmelidir. Nihai kapının O'nun kapısı olduğunu unutmamalıdır.

Hadisi şerif, özellikle kulun, kendi eliyle şeytana gedik açmasına karşı uyarıda bulunmaktadır.

Kadına Cennet Planı

38

عَنْ أَبِي هُرَيْرَةَ أَنَّ رَسُولَ اللّٰهِ صَلَّى اللّٰهُ عَلَيْهِ وَسَلَّمَ قَالَ:
إِذَا صَلَّتِ الْمَرْأَةُ خَمْسَهَا، وَصَامَتْ شَهْرَهَا، وَحَصَّنَتْ
فَرْجَهَا، وَأَطَاعَتْ بَعْلَهَا، دَخَلَتْ مِنْ أَيِّ أَبْوَابِ الْجَنَّةِ شَاءَتْ.

Ebu Hureyre *radıyallahu anh,* Resûlullah *sallallahu aleyhi ve sellem*in şöyle buyurduğunu rivayet etmiştir:

'Kadın beş vaktini kılar, ramazanını tutar, namusunu korur ve eşine itaat ederse dilediği kapısından cennete girer.'

Sahihi İbni Hibban, 4163

Petekten Sızan

- Kadın yaratıldığı günden beri ilgi odağıdır. Şeytanın da ilgi alanındadır, kendi hemcinslerinin de. Kadını yaratılış maksadı dışına çekmeye çalışan düşmanlarının başında şeytan gelir elbette.

  Ama şeytanın başını çektiği asıl kimlikten sapma hareketinin içinde kadının imtihanını anlayamaması da vardır.

- Allah, erkeği de kadını da imtihan için yarattı. Erkeğin önüne de kadının önüne de iman davasını en büyük imtihan olarak koydu.

  Sonra da erkeğe yaratılışına uygun görevler emretti. Kadına da kadınlığını ezmeyecek yükümlülükler getirdi. Herkes görevini yaparak Rabbinin rızasını kazanacak ve Allah'ın izniyle cennete girecektir.

  Erkek ve kadına düşen görev, Allah'ın çizdiği çizgilere sadık kalmaktır.

- Kadından cihat ve siyaset gibi ağır görevler kaldırılmıştır. Farzı ayın durumuna gelenler haricinde kadının evinin dışında bir görevi yoktur.

  Ama evindeki görevi erkeğin meydanlardaki cihat görevinden aşağı kalacak bir görev de değildir.

  Hatta meydanlarda cihat eden erkekleri hazırlayan kadın olduğu için onun görevinin meydanları da dolduran bir görev olduğu söylenebilir.

Bunun için de Resûlullah *sallallahu aleyhi ve sellem* efendimiz, namaz, oruç ve eşe itaatten oluşan bir dizi göreve cennet müjdesi vermiştir.

- Kadının namaz ve oruç gibi bir ibadetten sonra cennetin dilediği kapısından girmesini sağlayacak bir görev olarak eşinin emrinde olmasının belirlenmesinde pek ince hikmetler vardır.

İyi düşünebilen bir Müslüman kadın anlar ki, sabah namazına kalkmak nasıl meşakkatli bir iş ise eşin gönlünü yapmak da meşakkat olarak en az namaz kadardır.

Böyle olduğu için de Allah Teâlâ namaz ve oruca vaat ettiklerini eşin gönlünü yapmaya vaat etmiştir.

Biz bu hakikati, eşler arası ilişkide haklar ve eşitlikler dairesinde anlamaya çalışırsak, hadisteki inceliği yakalayamayız.

Eğer kadının eşine itaati, kadının erkeğe bir lütfu olarak anlaşılacaksa o zaman o itaat, sabah namazı gibi cennet getiren bir itaat değil, evlilik akdi gereği ortaya konmuş olan bir ikramdır.

Bu tür bir ikram da hadiste sözü edilen konunun dışında sadece iyi bir insanlık olarak anlaşılabilir.

İtaatin Sınırı Vardır

39

عَنْ عَلِيٍّ أَنَّ رَسُولَ اللّٰهِ صَلَّى اللّٰهُ عَلَيْهِ وَسَلَّمَ قَالَ:
لَا طَاعَةَ فِي مَعْصِيَةِ اللّٰهِ إِنَّمَا الطَّاعَةُ فِي الْمَعْرُوفِ.

Ali bin Ebu Talib *radıyallahu anh*ın rivayetine göre Resûlullah *sallallahu aleyhi ve sellem* şöyle buyurdu:

'Allah'a isyan olan bir işte itaat yoktur. İtaat, hayırlı olan iştedir.'

Müslim, İmare, 8 (4742);
Buharî, Ahbarulahâd, 1 (7257);
Ebu Davud, Cihad, 96 (2625);
İbni Mace, Cihad kitabı 40. bab

Petekten Sızan

- Mü'min, geçinebilen ve kendisiyle geçinilen insandır. Uyumlu olmak mü'minde karakterdir.

  Ancak uyumlu olması; emredilene itaat etmesi iradesini kullanamayan, iyi ile kötüyü ayırt edemeyen bir kimlik sahibi olmasını gerektirmemektedir.

  Aksine mü'min, hayrın peşinde ve şerrin karşısında bir kimlik sahibidir.

  Bu onun yaşam standardıdır. Kendisiyle ilgili olsun veya olmasın hayır olmayan şeye sessiz kalmaz.

  Yerine göre gereken tepkisini koyar, tepkisinin bedelini de ödemeye hazır olur. Bunun aksine olan bir tavrı zillet olarak görür.

- Bilhassa siyasi kararlar konusunda Resûlullah *sallallahu aleyhi ve sellem* isyancı bir mantığı tavsiye etmediği gibi itaat etmeyi emretmiştir.

  Ancak bu itaat emrinin son çizgisi Allah'a isyan olan noktadır. Mü'min, Allah'a isyan olan bir emre itaat etmez.

- Allah'a isyan olan bir emre itaat etmeme kuralının hassas bir çizgisi vardır:

  Eğer bu itaati reddetmek, beraberinde söz konusu o emirden daha ağır bir bedel getirecekse mü'min, benimsemeden itaat eder. Böyle bir itaat de onu mesuliyetten kurtarır.

Eğer bu itaati reddetmek, beraberinde söz konusu o emirden daha ağır bir bedel getirecekse mü'min, benimsemeden itaat eder. Böyle bir itaat de onu mesuliyetten kurtarır.

Nafile İşimiz Olmaz

40

عَنْ أَبِي هُرَيْرَةَ رَضِيَ اللّٰهُ قَالَ: قَالَ رَسُولُ اللّٰهِ صَلَّى اللّٰهُ عَلَيْهِ وَسَلَّمَ:

إِنَّ اللّٰهَ قَالَ: مَنْ عَادَى لِي وَلِيًّا فَقَدْ اٰذَنْتُهُ بِالْحَرْبِ، وَمَا تَقَرَّبَ إِلَيَّ عَبْدِي بِشَيْءٍ أَحَبَّ إِلَيَّ مِمَّا افْتَرَضْتُ عَلَيْهِ. وَمَا يَزَالُ عَبْدِي يَتَقَرَّبُ إِلَيَّ بِالنَّوَافِلِ حَتَّى أُحِبَّهُ، فَإِذَا أَحْبَبْتُهُ كُنْتُ سَمْعَهُ الَّذِي يَسْمَعُ بِهِ، وَبَصَرَهُ الَّذِي يُبْصِرُ بِهِ، وَيَدَهُ الَّتِي يَبْطِشُ بِهَا، وَرِجْلَهُ الَّتِي يَمْشِي بِهَا، وَإِنْ سَأَلَنِي لَأُعْطِيَنَّهُ، وَلَئِنِ اسْتَعَاذَنِي لَأُعِيذَنَّهُ.

Ebu Hureyre *radıyallahu anh*den rivayet edildiğine göre Resûlullah *sallallahu aleyhi ve sellem*, **'Allah Teâlâ şöyle buyurmuştur'** dedi:

"Her kim bir dostuma düşmanlık ederse, ben de ona karşı harp ilan ederim. Kulum kendisine farz kıldığım şeylerden, -benim katımda daha sevimli herhangi bir şeyle- bana yakınlık kazanamaz.

(Farzlardan sonra) Kulum bana nafile ibadetlerle durmadan yaklaşır, nihayet ben onu severim. Kulumu sevince de (adeta) ben onun işiten kulağı, gören gözü, tutan eli ve yürüyen ayağı olurum. Benden her ne dilerse onu mutlaka veririm; bana sığınırsa onu korurum."

Buharî, Rekaik, 38 (6502)

Petekten Sızan

Nafileleri İhmal Edince;

Gıdasız kalan ruhlarımız bunaldı. Sıkıntı ve stres, cedelleşme, bıkkınlık, gelecek kaygısı, yalnızlık korkusu, beğenmeme gibi dertlerle baş başa kaldık.

"Kim Rabbini anmaktan yüz çevirirse, Rabbi onu gittikçe artan bir azaba uğratır." (Cin suresi, 17)

"Kim de beni anmaktan yüz çevirirse şüphesiz onun sıkıntılı bir hayatı olur." (Taha suresi, 124)

Farzların ihmaline yol açılmış oldu. Ezan sesi uyandıramaz oldu. Günahlara karşı cüret arttı. Bedenlerimiz uyuşup tembelleşti. Uyurgezerlik yayıldı. İlahi yardımı göremez olduk.

Müslümanlıkla bağımız neredeyse günübirlik Müslümanlık düzeyine düştü. Heybetimiz kayboldu. Kendi gözümüzde de dışımızdakilerin gözünde de küçüldük. Din ağır gelmeye başladı. Bizden önceki nesillerin katlanabildiği şeyler bizim için katlanılamaz oldu. Küçük bir baskı ve eziyet, ağlaşmalara neden oldu. "Benim Rabbim Allah'tır" diyen bir insana yaraşmayan eziklik kompleksinde neredeyse kaybolduk.

Nafileleri İhmal Nedenlerimiz

Günah kirliliği:

Bilhassa küçük günahları ayıp bile addetmeyen bir anlayışın göreceği ilk ceza, nafile zevkinden mahrum edilmektir. Sevrî hazretleri:

"İşlediğim bir günahtan ötürü beş ay gece namazına kalkamadım." dediğinde, günahının ne olduğu sorulmuş o da şöyle demiştir: "Ağlayan bir adam görmüştüm. Kendi kendime, riyakârlığından ötürü ağlıyor, demiştim."

Vakit imhacılığı:

Çok ucuz şeylere en değerli varlığımız olan vakti harcadıktan sonra geriye kalan vaktimiz nafilelere yetmez oldu.

Bid'at tahribatı:

Kimi zaman iyi niyetlerle başlayan bid'atlerin zamanla nafilelerin, belki de farzların yerini doldurması, insanların onlarla avunması..

Mübahlara boğulma:

Çok yemek, çok içmek, çok uyumak, çok gülmek, çok konuşmak...

Nimet şımarıklığı:

Artık bir afete dönüşen ve ehil olup olmadığına bakılmadan her dileyenin elinde bolca bulunan nimetler, bir yandan şükürleri layıkıyla yapılamadığından vebale dönüşmekte, bir yandan da o nimetler, en azından nafile ibadetlerden alıkoymaktadır.

Her şeye bir "sonra" mazereti uydurma hastalığı:

Ve tabii olarak nafileler de "sonra"ya kalanlardan oldu.

Derin gaflet:
İş, aş, evlilik, sağlık, gezi.. gibi birkaç kelimeye sıkışıp sadece toprağın üstünü gören kısır bir hayat anlayışı. Sürünün bir parçası olma anlayışı ile yaşama dalgınlığı.

Gömülen ölülerin bile tefekküre sevk edemediği bir vurdum duymazlık. Dünya hayatının fani olduğunu sonuna kadar haykıran bunca afete rağmen, terlik kayışının ayağın derisine yakın olduğu kadar insana yakın duran ölümü görmezden gelme.

Kabir ve azabı, mahşer, sırat, cennet, cehennem.. gibi kelimeleri talaffuzda bile sathilik.

Sünnet ve hadisler:
Sünnet ve hadis kelimelerinin, dileyenin ağzında bir sakız gibi evirip çevrildiği bir ortamda, çoğu Resûlullah *sallallahu aleyhi ve sellem* Efendimizin hadisleri ile bildirilmiş olan nafilelerin ikinci plana atılmasına ve adeta emeklilere mahsus bir ibadet haline sokulmasına neden oldu.

Vakit kıtlığı:
Bütün teknolojik ve modern imkanlara rağmen insan neslini kasıp kavuran bir hayat yoğunluğu içerisinde ezilen, kendi sağlığına bile vakit ayıramadığını zanneden ve böyle bir hayatı da alternatifsiz gören hayat

anlayışında, en iyi görülen mü'minler bile ancak farz ibadetlere vakit bulabilmektedirler.

Örnek olmak:
Müslümanlara örnek olacak yerlerde duran ve genellikle "dinî" kimliği bulunan insanların, ibadet soğukluğu, diğer mü'minlerin kendilerini, -ümmetin selefi salihinine kıyas etmeleri gerekirken- onlara kıyas edip, yaptıkları farzları yeter görmeleri.

Şimdi Ne Yapalım

Bizden öncekileri kurtaran Kur'an'a ve Peygamber *sallallahu aleyhi ve sellem* Efendimizin Sünnetine dönelim.

Küçük büyük ayırmadan günahlardan kurtulalım.

Mübahları, azdıracak kadar değil, yetecek kadar kullanalım.

Günlük meşgalemizle, ruhumuzun ihtiyaçları arasında denge kuralım.

Salihlerle beraber olmaya gayret edelim. Bize iyi bir örnek olamayan çevreden uzak duralım. Sevgili Peygamber *sallallahu aleyhi ve sellem* Efendimizin siretini, selefi salihinin hayatını öğrenmeye çalışalım.

Zaman kötüleşip fitnesi arttıkça ibadetimiz artsın. İbadeti yapmanın zorlaştığı bir zamanda şu hadisi hiç unutmayalım:

"Fitne zamanında ibadet etmek, bana hicret etmek gibidir." (Müslim, Fiten, 26 (7326); Tirmizî, Nesaî)

İçindekiler